不會游泳的魚

The Fish Doesn't Swim

慢學成功教育家教你
如何讓孩子的天賦自由

增修版

諾瓦中小學暨幼兒園創辦人

蘇偉馨 著

致謝

我不是學心理諮商的專業人
也不是對家族治療特別有興趣
但是當我必須面對家庭故事時
我發現了許多相同的邏輯

許多人用自己寶貴的生命
扮演著屢見不鮮的故事
用獨一無二的自己寫著複製的命運
這樣的人生，就像舞台上的丑角
戲裡戲外，總是錯綜複雜
不同的主角，不同的組合
不同的時空背景
卻總有相同的角色
相同的模式
相同的故事發展

角色之間
清楚地呈現
家庭系統的運作方式

我幸運的
看懂了邏輯
學會了運算
這本書要獻給
在我半百人生的故事中
所有曾經出現的人
感謝你們讓我明白了
生命的意義
也期待這本書
能夠幫助深陷家庭故事的人
找回自己
找回可愛的家

〈推薦專文〉

慢何妨、用心學——精彩教育工作者的實踐哲思

國立臺北教育大學教育經營與管理學系副教授　洪福財

我和偉馨結緣近廿載，那時偉馨返回省立台北師院（現國立台北教育大學）進修；無論是求學與辦學的偉馨，對追求學問與解決問題的熱情，直到當下我讀著當前躍然紙上的豪氣文字，絲毫未變。

廿多年前，偉馨在桃園縣擔任諾瓦幼稚園園長，對於幼教人而言，諾瓦是個獨特且引人注目的幼兒園，一則以藝術創作的辦園理念在當時仍屬罕見，二則在網路科技尚未發達的昔日，諾瓦的辦學績效靠著口碑相傳讓全國各地的幼教人接續親臨「朝聖」，在當時的幼教界更屬少見。數年後，獲悉諾瓦將改移他址改成立小學，我不但不覺意外，更是期待著偉馨將要「變」

出哪些把戲，讓我們這些教育人好拭目以待。

諾瓦小學，已經不消我多做介紹，不僅培養的孩子人數漸增，教育界對此校的名氣早已熟悉，家長在網路之間的高人氣推介，坐實了我對偉馨辦學的期望。這所坐落在龍潭渴望園區的學校，諾大的校地只有最高二層樓的建築，充足的光線、暢通的空氣、綠意的園舍，以及伴隨著飼養動物此起彼落的校園，若不是早先知道這是所學校，還真是讓人難以辨認。

猶記初訪諾瓦小學，看到幾位老師們穿著雨鞋與工作服靜靜地在校區裡打掃與餵養鴨群，老師們臉上的從容與淡定，有如「得道高僧般」地沉穩氣質，打亂我這來自都會區帶來的浮躁氣息，也憑添了對這所學校真實樣貌的想望。我隨著陪同老師走在校園裡，普遍小學常有的喧嘩絲毫未見，有時見到班級裡認真作畫的孩子，偶爾看見一群孩子圍著老師像在討論著問題，又偶然地在走道上見到許多年齡不相仿的孩子們比賽跳遠，難不成這些孩子也都仿著老師們的淡定氣質？我試著和幾位中班年紀的孩子閒聊，這些孩子對我這位訪客的出現不僅未顯生疏，主動地向我介紹著他們即將在隔天跳蚤市場販賣的果凍和方式，這種沉穩與自信，究竟是經過如何的鍛鍊才有的成果？

當我讀著此書的故事，許多對諾瓦的疑惑似乎一層層地解開。我看到一個有偏差行為二年級男孩，在偉馨和家長的來回互動中，發現這孩子缺少父愛的源由（請參見〈他要的只是愛〉）；我看到一位諾瓦畢業如今已是高中生的女孩，小學時在老師們的協助與祝福下創辦「諾瓦報」的經歷，與對他習得勇氣並延續到往後學習的動人篇章……。肯定是愛，是回到孩子高度的愛，是拉著父母一同回到孩子高度感受並給予的愛，讓諾瓦的孩子可以有這種經歷，讓家長可以有沉澱角色的機會，讓諾瓦可以創造出等待孩子學習與成長的學習氣氛。當教育回到孩子的高度，任何的學習都那麼理所當然；但孩子可以享受其中並認真獲得，慢又如何？

我對本書篇章所提也有想與人分享的想法。此刻讀著〈國王的新衣〉，突然警覺，再多贅言當真成了那篇章中「不識狀況」的教育專家了！好的故事可以讓人有所感受，當你讀完本書和我一樣有不吐不快之感時——泡杯咖啡或好茶，找你的另一半或好朋友談談你們的教育主張吧！

〈推薦專文〉

荒漠裡的甘泉

諾瓦中小學暨幼兒園營運長　曾雅盈

即起行，即起行。
前途去，結同盟。
隻手擎天柱，史冊好標名。

當年的這一首籤詩，讓我和偉馨開始攜手創立諾瓦。這一路走來，風風雨雨，總在偉馨的堅持和毅力中化為風和日麗的美好。沿途撒下的種子，也終於等到了開花結果的季節。

偉馨的真誠善良總能讓人不自覺的褪去防衛、放下刻意，所有的隱藏或偽裝都是多餘的外衣。初見偉馨，有一種荒漠遇甘泉、孤海見浮木的感覺，她有讓人不由自主想傾吐苦惱的眼神，有一種無法抵抗讓人信任的沉穩，在重視外在包裝的現代世界裡特立獨行。任何人的虛偽刻意，總會在偉馨的面前被釋放。

偉馨是個完美主義者，只要確定是對的事，便義無反顧。學校初創，偉馨堅持父母晤談的必要性，她相信沒有不能教的孩子，只有不會教的老師與教養方式錯誤的父母。在孩子顯現問題的背後，應該藏有待解的細節與轉折點隱藏。而藏在問題背後那更深層的待解問題，才是用來解決疑難雜症的金鑰！

偉馨在與父母談話中，總不厭其煩地抽絲剝繭，幫忙找出問題的因果關係。許多事情經由偉馨的分析，讓我和老師們也學會試著去看清，我們學會在孩子身上發現問題，從父母身上找答案，這對於行為偏差的孩子或對教養困頓的父母來說，無疑的，是修正親子互動模式或是改善家庭氛圍的一道光明出口。

偉馨與家長的面談，成功的讓許多父母放開緊握在手中多年的教條陳規，家庭與個人的生命也因此產生更多的可能性。十多年來，偉馨累積了上千個家庭故事，許多家庭有著相似的劇本，在不同時空演著相同的悲喜。藉由《不會游泳的魚》中他人的故事來檢視自己的家庭，許多看似難解的家庭祕密，或許在讀者還未看完本書時，就會有新的體悟！

多年來，看到太多成功改變的家庭。許多父母說，孩子入學後，受益最多的是他們自己！原來自己從小未解的心結或被深深刻劃在腦海裡的教條，都會在下一代的教養中重現，如果沒有好的導師引領，恐怕一輩子也不容易擺脫過去的陰影！

偉馨也是個教育哲學的實踐者，她推翻既定的教學概念的窠臼、顛覆認知的刻板印象。只要確認對的事，不會因為只有1％的機會而放棄努力、更不會因為99％的把握而懈怠細節。這共事的十幾年來，我看見她對教育如履薄冰、永不放棄的驚人毅力，也看見了她幫助許多面臨困境的家庭，努力不懈。

十多年前，偉馨就堅持學校應該準備好迎接孩子，而不是讓孩子來適應學校。她說：「教育環境對了，孩子就對了。」

諾瓦全校師生在偉馨的帶領下，學習變成快樂的、生活變成令人期待的。這樣的學習氛圍也創造了課程設計原理中，顯著課程和潛在課程教學目標達成的條件，除了達到顯著課程的方向和進程外，所有學習中不期而遇的美麗收穫，都是潛在課程內涵的極限。在這樣的環境裡，一切都順其自然的成長著，享受活到老、學到老的快樂。

「不會游泳的魚」，換個對的環境，它也將能優遊自在的讓天賦自由。

幸運地，一路走來，我可以在一旁觀察學習。我想起當初抱在膝上、爭奪著「媽媽是我的」那互不相讓的二兄弟，如今都已經成了貼心、明理的上進青年。我和我自己的孩子成為最大的受惠者，因為偉馨的提點，讓我適時修正自己的教養觀念，受益良多！

唯有父母的自我省思和改變，可以讓放在孩子身上的無形枷鎖少一些。就像書中〈背包裡的擔心〉提到，女孩背著父母過多的擔心，孩子永遠走不遠，走不久。

偉馨常對家長和老師們說：「孩子邁向未來的勇氣，來自於身後穩定的支持。這穩定支持的力量，需要不斷的自省和修正，才能正確無誤的幫助孩子邁向健康快樂的未來。」我們都應該讓孩子知道，當失去勇氣時，只要回頭看，我們就在他的身後，為他們張開雙臂，孩子們就能自然無畏的邁向未來。

父母退後一點，孩子能有更海闊天空的世界。期待《不會游泳的魚》一書問世後，所有的父母都能如我一樣，學會欣賞自己的孩子、陪伴著他們，享受今生的相遇和幸福。

〈推薦專文〉

快樂天堂的幕後黑手

中德文化經濟協會榮譽理事長　韓宜靜

偉馨要出書了！在許多人的期待之下。

偉馨要我以好朋友的身份寫幾句話，我很開心，也義不容辭。

偉馨是我的朋友中非常特別的一位、想法特別、作法特別、興趣特別，造型也特別。她從一個特別的小孩成長為一個特別的教育者。

偉馨是個與眾不同的人，自小開始，一以貫之至今。在酷酷的外表下有著一顆非常細膩柔軟的心，但不濫情；偶爾有些霸道，但其實用心良善。

偉馨是個勇敢的人，她有道德勇氣和風骨，敢於挑戰台灣僵化、短視、敷衍、官僚，只做表面功夫、無能真正解決問題的教育制度；堅持自己的理念和作法，不高調空談，也不輕易屈服。

偉馨是個有趣的人，每日在校園附近社區的資源回收場，尋尋覓覓，東翻西找，別人丟棄的「垃圾」，她以靈活的頭腦、靈巧的手、玲瓏的心，真正化腐朽為神奇，創造出一件件令人愛不釋手的作品。

偉馨是個幸運的人，找到了理念相近、志同道合的朋友，為孩子們打造了一方快樂學習的園地，為家長們建構了，一個和孩子們一起學習成長的空間——諾瓦兒童創意學校。

諾瓦因著偉馨的帶領，像他們的「校長媽咪」一樣與眾不同。在令人窒息、有時甚至令人痛恨的教育環境中獨樹一格；不用制式的課本、不給枯燥的作業、沒有荒謬的規範、沒有折磨人的考試；但是孩子們小小年紀就學識淵博，進退有據，思路條理分明，敘事口齒清晰，個個活潑自信，勇氣十足，充滿了創意，還具有執行能力。

「諾瓦・拾荒・趣」、「草地、星空、同樂會」，一次次活潑有趣、別具特色的活動，教孩子動手加動腦，學習思考、學習面對問題、解決問題、也學著互助合作。「攀登大雪山」、「腳踏車環島」……，教孩子挑戰困難，給孩子自信和勇氣；帶孩子走出學校，走向未來、走向理想。在一群群的小勇士後面，是一雙雙努力的推手、一組組認真的老師，和帶領著他們的那位通達教育理念、洞燭問題關鍵的「校長媽咪」——偉馨。

現在，偉馨把她這些年經歷的故事、輔導過的案例記錄下來，集結成冊；從她自己的過去、她的成長背景，到一段段透露著當事父母的困境、辛酸、無助、眼淚、改變、成長和喜悅的動人故事，娓娓道來，令人讀來動容。

書裡處處透露著她的經驗、理念、智慧、視野及方法；你看得到、感受得到她的愛心、她的熱心和她的用心。讀著書中一篇篇的故事，你會感動、會領悟、會學到方法、會找到方向。

書中的許多故事讓人覺得場景很熟悉，故事也不陌生，但結局就未必像許多諾瓦的故事這般發展正面、結局美好。我想，差別就在少了「校長媽咪」這一味藥。現在偉馨把諾瓦的祕方——《不會游泳的魚》——公諸於世，讓更多讀者能擷取經驗、仿效做法、進而改變思維，走出困境。我相信也會給更多的家長們新的啟發、勇氣、方向及力量。

諾瓦的孩子何其幸運，有這樣的「校長媽咪」；

諾瓦的家長何其幸運，有這樣的心靈導師；

台灣的教育何其幸運，有諾瓦這樣的創意學校；

我何其幸運，有偉馨這樣的朋友，因而能在此向讀者們推薦這本值得一讀的書。

〈自序〉生命中的第一堂課

從事教育許多年了，看見許多對孩子教育求好心切的父母，看見許多母親的壓力，也看見了許多父母親為了孩子而努力改變。坊間教養的書籍多如牛毛，許多新手媽媽奉為圭臬的貫徹執行。許多媒體節目也討論著教養議題，國際書展的會場裡，總是屬於孩子的攤位最熱鬧。

現代教養，有人延續著家庭傳統的觀念，有人力求追上時代的腳步，隨著孩子逐漸地長大，面臨著不同的問題，而教養的方式，總是眾說紛紜。有人相信專家學者所說，也有人求神問卜。在資訊發達的現在，「母愛是天性」似乎已經被遺忘了。

昨天帶學校的小小孩去市場，孩子看到魚販前的水盆裡，鯽魚游來游去，小孩開心大聲地喊著：「魚耶！」我問他們想要嗎？小孩開心的點著頭，我讓他們一人提著一條魚回到學校魚池裡放養。在回程的路上，我和老師們分享著買魚的原因。

我小時候跟媽媽去菜市場，總會停在賣小雞或魚販的攤位前，直愣愣的盯著看，在那時候，生活條件並不寬裕的情況下，我的媽媽還是會滿足我的想要，讓我提著一條活生生的吳郭魚回家。回家後，媽媽會在浴室裡放一大缸的水，讓吳郭魚優遊自在地游著，直到吳郭魚斷了氣浮在水面上。我長大後回想起這件事情時，很感謝母親從來沒有因為晚餐時間的逼近而提早殺了活生生的魚，這是我學習尊重生命的第一堂課。

母親對我的教育思想有著很深的影響。無論是對孩子的寬容、方式、或觀念等。我記得以前媽媽在準備晚餐時，如果有長長的菜豆，她會讓我們幫忙將菜豆折成一節一節的。在折斷的時候，中間的豆子會掉出來，母親就會在祖先牌位前的香爐裡抽出幾根香柱，讓我們把豆子穿在香柱上。直到現在，我都還記得期待菜豆炒好上桌的心情。

以學術觀點來分析，在這樣的過程裡，孩提時的我學會了分辨大小（因為想串起大顆的豆子），訓練了小肌肉的發展和數量的概念。另外，也教育了我們樂於分擔家事，學習互助合作與分享。但當這一切在生活中會自然發生的事情變成了硬邦邦繞口的理論時，快樂的自然學習也變成了無趣味的訓練課程。

我的小時候，以現代學術觀點看來，可能是亞斯伯格症，那時候我最好的朋友是小狗。常常，我都蹲坐在狗屋裡，和我的小狗兒在一起，安靜地觀察著外面的世界。每當大家找不到我的時候，大姐就會來到狗屋前喊著我的名字，我還記得大姐倒過來的大臉出現在狗屋前滑稽的樣子，頭髮也全部都顛倒。我安靜的看著，看著小小的世界裡所有的一切，腦袋裡記錄著一切。

我無法理解二、四、六、八、十的關聯性，即便老師張牙舞爪的在我面前吼著。我不知道五線譜上的音符有什麼意義；我不知道時鐘上的時針一點和分針五分的差別；我也無法理解為什麼老師總要扯著嗓門喊我的名字。老師教大家用肥皂雕刻的時候，我的肥皂已經成了切工仔細的皂絲；老師說上鐘聲響了，要安靜的坐在自己的位置上，我卻無法離開新發現的小水池，因為水池裡面有大肚魚和蝌蚪。

直到現在，我還是無法明白，當初母親對我的教養。她是如何在負擔五個孩子的家庭生活忙碌中，還能對我保有最大的寬容、理解和耐心，願意買小雞給我養、願意照顧我不定時撿回家的小貓、小狗，還有那一身永遠骯髒的衣服。

我小時候的學習歷程，辛苦是必然的！被處罰也成了家常便飯。當我的生命自然的走上教育一途時，我以驚人的記憶力回想著父母對我的教育方式，並想著老師們對我無法諒解的事情。在學習的過程裡，所有的觀察，所有腦袋裡的紀錄，成了現在教育思想的根源。

現在，我可以理解孩子為什麼不喜歡上課；我能破解孩子的迷惑。我可以體會父母教養兒女時的心情；我能幫助父母找到家庭問題的根源所在。我知道老師教學時可能遇到的困難；我明白教育的目的為何。而我所擁有的這一切，取之於一路走來所有的人、事、物。期待自己用最淺顯易懂的文字，將歲月累積而來的經歷和思想，分享給所有的人、用真實的故事凸顯現代教育的迷思和謬誤。當一切回歸到教育本位時，我們的下一代，才能擁有更健全的教育。

〈前言〉

就讓天賦自由吧

我在國小的時候，老師說：「3x5=5x3。」老師也說等號的意思就是兩邊都是一樣的。這時候我開始混淆了，因為3和5的前後位置不同，老師怎麼會說是相等的呢？

當我讀國中的時候，學習全等三角形的單元時，我總是必須將三角形用紙剪下來比一比，才能確定它們是不是全部都一樣。

到上了高中，老師在黑板上寫了一大堆三角函數的公式時，我更無法理解相等的意義。

在師範學院上統計學時，老師教了運算的方法，我卻只能靠自己不斷的推演，用自己能理解的方式來算出試題的答案。

在學習的過程中，我遇到了許多無法理解的障礙，我不知道九九乘法裡頭二的倍數和偶數是一樣的；我無法將它們關聯在一起。我不知道五線譜裡面的豆芽菜，為什麼有些長了頭髮，有些沒有頭髮？老師說：「豆芽菜有些住在房間裡，有人站在線上，」我不懂豆芽菜為什麼會散落在那五條線上，也不知道豆芽菜究竟代表什麼意義？

我不知道每一個字是什麼東西？它要用來做什麼？當爸爸抓著我的手寫下「蘇偉馨」時，我看著那歪歪扭扭的三個字，爸爸說，那是我的名字。我想不出來那三個字和自己的關聯性。

每當我回想過去時，每一個時間、每一個場景、每個老師或是父母跟我說的話，我都非常清楚地記得，至今猶言在耳。但當時，我能聽到，卻怎麼也不懂、不懂！

當大人失去耐心開始對我吼叫時，我毫無反應的看著他們張牙舞爪，這樣的毫無反應，更刺激了他們，接下來的下場就是體罰。老師跟我的母親說，我根本不怕經常性的體罰，因為被體罰後的我依舊沒有進步、二的乘法也還是背不出來。

其實，每當回想起這一切的時候，我很心疼當時的自己。我被體罰扛著椅子半蹲時，只要手稍微彎曲就會聽到老師大喊我的名字，但我的手痠了、腿疼了，再也無力了呀！上學的時間裡，整天都是豆芽菜、數字、國字滿天飛舞著，我不知道它們到底是什麼？我只知道教室窗外傳來的聲音是蟬鳴，我知道停在窗台上的是蜻蜓，我知道老師在生氣，但我不懂他生氣和我被體罰的因果關係。

坐在教室裡，我看著老師努力的擦黑板，我想像著黑板能夠自己走路，然後黑板就會很乾淨。我想著黑板的行進路線應該怎麼走會更快。想著、想著，然後就聽到老師的大嗓門喊著我，他用手指著我說：「你去後面半蹲！上課又不專心。」

我的腦袋裡總會隨時隨地的出現許多畫面。例如，老師讓我們念課文：「天這麼黑，風這麼大，爸爸捕魚去，為什麼還不回家？聽狂風怒吼……」聽著同學有節奏地念著，我卻已經沉浸在月黑風高的畫面裡，就像看一部精彩的電影般，想像在黑夜裡，高高捲起的波浪和飄搖的船身，但那畫面中並沒有爸爸，沒有恐懼。只是一個畫面。一個海浪和船身會動的畫面。

從小到大，這些隨時出現的畫面讓我吃盡了苦頭，因為沉浸在畫面時，總是因為心無旁騖的全神貫注而忽略了現實場景，錯過許多當下應該有的立即反應。這些問題，直到我長大後，我才懂得努力練習。我練習說話慢一些、思考快一些，爭取中間的一點點兒時間，將想像畫面欣賞完畢。

而畫面中的所有想像，在長大成人後，才發現對自己的影響深遠。我對所有事情都充滿著好奇、充滿著疑問，我也喜歡動手研究、創造和發明。每當我完成一件作品或事情時，旁人都會問：「你怎麼想得到？」而這些，其實都是從小到大畫面的累積。

我曾經懷疑過自己是不是真的很笨？我曾經懷疑過自己是不是真的有亞斯伯格症？我曾經彷徨過自己的未來，我曾經放棄過自己的努力。但生命總有出口，我創造了一個可以讓自己天賦自由的環境，我用自己能理解的方式，研究著這個世界的一切。我知道了豆芽菜不過是虛擬的符號；我知道了文字原來可以表達心中的想法；我知道了乘法裡面的等號，所指的只是量的相同；我也知道運算的方法可以更快的讓我們得到是否相等的答案。我沉浸在自己的世界裡研究滿腦子疑惑，我將腦海裡同性質的畫面分類整理，然後不斷地去嘗試、分析、最後定下結論。

很多人喜歡討論著星座、血型和個性的關係，也有許多人喜歡做心理測驗，討論個性發展的差異性以及原生家庭、教養方式、先天氣質、環境等。當探討過後，我們的世界卻用單一的方式讓大家走向單一的未來。

每個人生而不同，就像鳥兒必須在天上飛、魚兒要在水裡游一樣。如果強迫每一個人都用同樣的教育方式、朝著同樣的未來方向努力時，每個人不同的獨特性都將被磨損殆盡，在相似的人生路上沉默的安份守己。

如果生命的終極目標是追求自在快樂，那麼，就讓天賦自由吧！生命總是找得到出口，旁人的關心和指導、旁人的眼光和說詞，都足以改變或毀滅天賦。我期待著每個人都能看見自己的天賦，看見自己，讓獨特的自己走出不一樣的未來。

目錄

父母為孩子所作的一切，都叫做智慧。
而智慧的深淺，來自於父母的悟性。

不會游泳的魚

我是魚
注定要生活在水裡
同伴們自在的游來游去
我只能孤單的待在那兒
靜靜的看著
看著他們生活
看著他們嬉戲

我是魚
但是我不希望當魚
我不喜歡大海的深沉
更不喜歡大海的冷漠
我看不懂這個世界
看不懂這一切

我是魚
但我天天都想著自己是隻飛鳥
如果我是飛鳥
我將遨遊天際
不再回到冰冷的大海
但是
我是魚

注定生活在這裡
我害怕這樣的生活
因為
我是一條不會游泳的魚

追逐的遊戲總是落後
同伴的嘲弄讓我難受
我選擇靜靜的待在石洞裡
不再看外面的世界
在黑暗的石洞裡
我總想著自己的傷心
想著總有一天

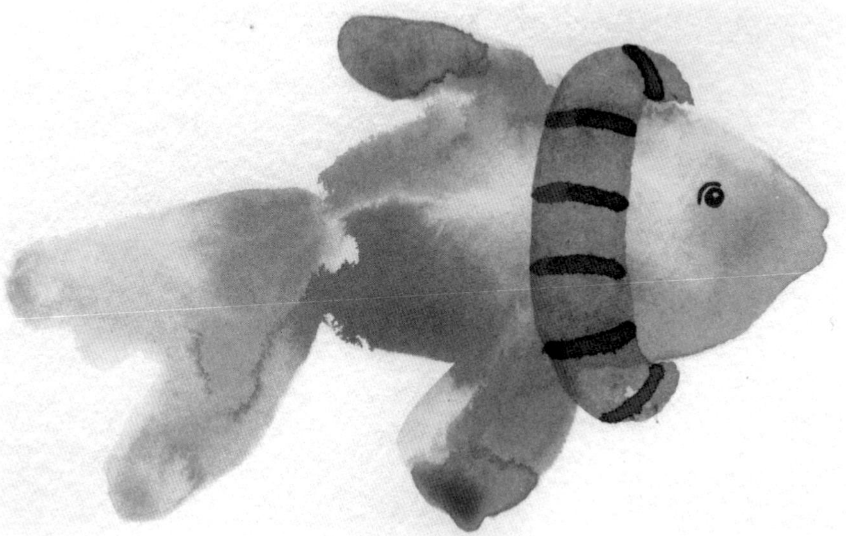

真心的讚美，可以撼動人的一生。

永不放棄

昨天開會時，老師說：「有孩子放學時爬上大石頭堆砌的邊坡。」我問老師說：「不能爬嗎？」老師說：「擔心會發生危險。」我說：「如果擔心危險，為什麼不綁幾條安全繩索讓他們更安全地爬呢？」

許多時候都可以聽到：「我擔心……。」通常這樣的擔心不會被處理，而是直接轉嫁在孩子身上，變成父母、老師口中的：不行這樣、不行那樣。當限制越來越多，人生的寬廣度就越來越窄，生存的能力也會越來越差。

我總是喜歡觀察、喜歡嘗試，我好奇著所有的事情，也喜歡研究所有的事情。像蜘蛛如何編網？小孩為什麼說謊？誰賺走了我的咖啡錢？機器人、綠房子……，我沒有領域限制的對一切都懷有高度的興趣。這應該是母親讓我擁有了寬容的童年。

我常常以自己小時候的行為問孩子的父母，如果你的孩子做了這樣的事情，你會生氣嗎？通常得到的答案都是肯定會，有些父母的答案更驚人，有的母親說絕對無法忍受；有的母親說如果遇到相同的事情，絕對會使用暴力處理問題小孩。我想著自己的母親如何在教養五個孩子時，還能忍受許多我讓她無法理解的行為。

例如說：

如果孩子回家時，水壺裡裝著一大罐蝌蚪，你會？

如果孩子上學時，雨鞋裡因為裝滿雨水而遲到，你會？

如果孩子連續一個月不寫作業，你會？

當你發現孩子的作業簿都在化糞池裡，你會？

如果孩子鉛筆盒裡的鉛筆都不見了，裡面住著幾隻蝴蝶，你會？

如果你幫孩子新買的橡皮擦都被切成絲了，你會？

如果你的孩子怎麼也無法念出偶數的排序，你會？

當你發現孩子總是在骯髒的狗屋裡摟著身上有跳蚤的狗兒時，你會？

如果你發現你的孩子攀爬在好幾層樓高的水塔樓梯上，你會？

如果你發現你的孩子站在草叢中像木頭人一樣，手上爬滿了蝸牛，你會？

我相信當你回答了以上的問題時，多數的父母都會覺得自己的孩子實在是太乖巧了。我長大後，非常感謝我的母親，容忍著我做了許多一般母親無法容忍的事情。

我的媽媽非常害怕軟軟的動物，她總是不厭其煩的說著，她自己小時候遇到蛇的經驗，說完也不忘補充自己還害怕蚯蚓、蠶寶寶、蜈蚣等，而且還要強調，如果她看見了就會嚇死。直到現在，偶爾還會提起這些事情。每當她提起時，我就會想著自己曾經養過好多蠶寶寶，母親當時為什麼沒有制止呢？

小時候有人給了我一張紙，紙上佈滿密密麻麻的蠶卵，我看著蠶卵由白變黑，然後跑出來很多像黑線一樣的蠶，我用毛筆輕輕地將它們移到最嫩的桑葉上。那一張紙上的蠶卵，居然有兩千多隻。我每天忙著摘桑葉餵它們，幫它們換盒子裡的襯墊，漸漸地，蠶越來越肥，空間越來越擠，許多白胖胖的蠶扭曲在同一個盒子裡，一盒變兩盒、三盒，最後用了七個水果盒才能裝得下它們。七盒肥胖的蠶寶寶，排起來真是壯觀，我幾乎整天都盯著它們，有時候還會抓一把在手上，摸著它們冰涼的身體。直到它們變成蠶蛹、蠶蛾，然後又產下比原來多好幾倍的蠶卵。

我曾經問母親說：「你那麼怕這些軟蟲，為什麼我小時候養蠶你都沒有制止呢？」母親說：「我當時也嚇死了呀！我根本不敢看，每天都要繞道而行。但是，小孩做很多事情都是經驗，要讓小孩子嘗試呀！要不然長大了會什麼都害怕。」

我還記得自己常常撿路邊的小貓小狗回家，每次帶回家我就會幫牠們洗澡，餵牠們吃飯。母親從來沒有指責過我，也未曾在我面前將牠們丟出去。但每次放學回家，我遍尋不著小貓小狗的時候，媽媽都會說：「牠的媽媽來找牠回家了，牠不見了，牠的媽媽很擔心。」聽母親說完，我的腦海裡就會浮現狗媽媽傷心的樣子，我每次都很慶幸，牠們能回到媽媽身邊。長大後，我說：「你很壞，你都把牠們丟了，還騙人。」媽媽回憶起當時，她說：「如果我沒有把小貓小狗送走，我們家一個月會有至少十隻以上的貓狗，你知道你多會撿嗎？我怎麼養得起呢？」

小時候家裡的經濟狀況不是很好，但母親願意買五隻小雞給我，讓我每天照顧牠們，還說有運動的雞就叫做土雞，土雞是品種最好的雞。聽完母親說土雞品種最好，我每天都用紅色尼龍繩綁著小雞的脖子，牽著牠們去散步和練習飛行。雞長大了，有時會突然少了一隻，媽媽說：「牠跑出去運動，不見了。」長大後，知道那些雞全部變成了桌上的佳餚，而媽媽怕我傷心、擔心我從此不敢吃雞肉，編了個善意的謊言。

母親沒有在我面前把小狗趕出家門，讓我保留了與生俱來的慈愛之心。

母親未曾制止我所有的嘗試，讓我學會了當一個有寬容胸襟的教育者。

母親沒讓我知道心愛的雞變成了食物，她讓我懂得珍愛生命、讓我一直相信，世界的美好。

我很感謝母親當年善意的謊言，她保護了我幼小的心靈，她努力的用她懂的方法，將一切現實的問題擋在她的身後，一切由她來承擔。母親張開雙臂，擋住時間的流逝、擋住了所有的眼光，容忍我用最慢的速度探索這個世界，容忍我不斷做著一般母親會抓狂的事情。

還有一件事情，一直在我心裡不曾稍忘，也是日後驅使我鞭策自己不斷努力的原動力。當年我家五個小孩，除了我之外，四人都順利地進入公立高中就讀，我的成績差得一塌糊塗，高中聯考當然榜上無名。

放榜後，母親帶著我到附近的私立學校報名，其中一個是商業會計學校。我和母親走過操場，我看見學校老師正在修理學生，我立刻轉頭就跑，堅決不要再踏進那個學校。母親拿我沒辦法，只好再帶著我找別的學校報名。只要我有升學的機會，她從未曾放棄，而在當時，讀私立學校的學費，是許多家庭無法負擔的。母親說：「我想盡辦法，讓每個孩子至少都讀到高中畢業，哪一天，當小孩自己懂得努力時，還可以繼續升學。」好不容易，終於有私立學校願意讓我入學，母親不但沒有因為我讀私立學校而放棄我，當我拿到入學通知時，為了鼓勵我，還買了一輛當時最時髦的變速腳踏車給我，讓我能每天騎著它和我的大狼狗去外面玩耍。

在我成長的過程中，父母為我所做的一切，點滴在心頭，母親的未曾放棄，讓我至今都不曾放棄過任何努力的機會。我知道，只要不放棄，所有的夢想都將實現，只要不放棄，希望就在眼前。無論前面的路有多難，我知道：只要不放棄，再難的考驗，我都能安然度過。

感謝母親讓我學會了——永不放棄的精神。

父親的身教

我的父親來自遼寧省新民縣，在民國三十八年告別父母後，隨國軍一路南下，隻身來台。他是個標準的北方漢子，說的是標準的北京話兒，他的國語發音，對我當年考師範學院的時候幫助非常大，想不起來的注音，只要想想父親平時的發音，就絕對是正確答案。父親的話很少，印象中一身軍裝的父親，總是身影挺拔、智慧且勇敢。

父親成家後，一連生了四個女兒，我排行老三。母親說懷我的時候，所有的感覺都和懷姐姐的時候不一樣，他們都以為這次應該會生個兒子了。那時候，親戚朋友家送來的小衣服全是男兒裝。媽媽說那段時間幾乎每天下雨，氣溫非常低，但是我出生的那一天卻出了大太陽。在吃完早餐後，她突然肚子疼，爸爸連忙到鄰居家找車，送媽媽去醫院。誰知道短短五十公尺的距離，我已經跑出來了。

小時候，村子裡的人都叫我小胖胖，穿著小男生的襯衫，留著像男生的短髮。姐姐和妹妹都有金髮碧眼的洋娃娃，我的玩具卻是鐵殼直升機。每當我的飛機壞了，父親就會再買一架一模一樣的直升機。回想起來，應該是當時將錯就錯，就讓我接收了男孩的一切。而父母將錯就錯的心態，不難猜出父親的期待，期待能替蘇家延續香火。所以，在弟弟尚未出世之前，我是兒子的替身。

雖然父母在眷村裡常會被譏笑女兒生太多，但父親對女兒們依舊呵護。從小到大，我從來沒有聽過父親的大聲斥喝。他常告訴母親說：「我一個人來台灣，變成這樣一大家人，我心滿意足了。」還好，沒幾年，我將近四歲時，母親為他生了個兒子，滿足了他延續蘇家香火的傳統思維。父親常在晚餐後，推著四方有木柵欄的嬰兒車帶我們去散步，我實在無法想像一個穿著軍服的男人推著小車，在村子的巷弄裡繞著，上面站滿了跟去散步的、大小不一的小孩，四個女孩和一個男孩，他總笑說他很富有，因為他有一萬四千金；他從來沒有在意過街坊鄰居的眼光和嘲諷。

父親的左大腿上有一條很長的疤痕，半透明的皮摸起來好像包了一層塑膠的感覺，他說那是他小時候被狗咬的。晚上我們和父母一起睡在鋪著榻榻米的房間裡。睡覺前，他會躺在床上，弓起雙腿讓我們輪流騎在上面晃呀晃，躺下後，他就會唸著：「狼來了，虎來了，老虎媽子揹著鼓來了……」，然後一遍又一遍的說著老虎媽子會吃小孩的故事。那樣的血淋淋和無止盡的想像，讓我們五個兄弟姊妹小時候都很膽小。

小時候怕黑，望著黑漆漆的窗外，怎麼也不肯一個人去廁所，父親為了安慰我們，總會用充滿豪氣的北方口吻說：「那怕啥呢？又沒有大頭鬼！」從此，我們家的小孩都知道，有一種頭很大的鬼，而且越想越害怕，父親只好一遍又一遍地陪著五個孩子去廁所。當我在廁所牽著他的大手時，他還會再一次地說：「你看，怕啥呢？哪裡有大頭鬼？」但當我們長大後，我們也如父親一樣，用豪邁的口吻告訴我們的下一代：「怕啥呢？」

我們五個小孩開學時，父親會不厭其煩的，用牛皮紙幫我們的新書一本本包好，然後用毛筆寫上班級、座號、姓名。一年又一年，看著他小心翼翼的磨著墨，拿起毛筆寫下自己的名字。直到父親過世的第二天，我到五指山幫父親申請墓地，拿起筆寫著父親的名字時，這三個字，我寫了好久好久，一邊寫一邊哭著，哭得看不見表格，哭得肝腸寸斷，腦海中不斷浮現，父親用毛筆在牛皮紙上寫下我名字的情景。我從來沒想過，有一天，自己必須幫父親寫下他的名，寫下刻在墓碑上的一生。

在我們還小的時候，父親會抓著我們的小手練習寫書法，會教我們唱京劇裡的橋段，也會教我們背誦古文、摺紙和泥塑。父親還會用超級小刀，一刀一刀地幫我們將鉛筆都削成像削鉛筆機削出來的一樣，圓滑美麗。我每次趁大人不在時，也拿著超級小刀，學父親的模樣削鉛筆，一直到現在我還是很愛用小刀削鉛筆，而且一定要和父親當年削的鉛筆一樣，美麗且圓滑。

我高中的時候，父親是管陸軍人事的上校參謀，許多人都會來拜託他幫忙調動職務，有的想從外島調回、有的想調到更輕鬆的單位、還有不想當兵的人。這些想尋求父親幫助的人，當然免不了拜訪和禮物。在那個時代，禮物的價值不可與今日相比，有人抱著半個大西瓜來、有人抓著雞來當做禮物。但不論什麼禮物，都被父親退回，並訓斥一頓。父親說：「日不過三餐，夜不過八尺，再有錢也吃不了五餐。」除了不能貪以外，自己行有餘力時，都要拿去幫助別人。他期待我們做一個手心向下的人，他說：「手心向上，總和別人要東西，手心向下才能給予。」他說：「施比受有福。」

當年經濟狀況不好，但他總在別人需要幫助時，毫不猶豫的伸出援手。眷村的媽媽在父親過世時，曾經跟我說：「你知道你爸的人有多好嗎？以前軍用大卡車來接我們婦女去參加活動，我們爬不上大卡車，你爸立刻彎下腰來，讓我們踩著他的背爬上去。」他做的許多好事，一直是鄰里間津津樂道的，即便是父親過世多年後，許多過去曾經接受父親幫助過的長輩們依舊感念著，也時常提醒我們做兒女的，要以父親為學習的榜樣。

當台灣宣佈開放對大陸探親時，老兵們聽說可以返鄉，無論能走或不能走的都迫不及待地踏上睽違已久的返鄉路。有人健步如飛、有人坐著輪椅、有人拄著拐杖，他們帶著所有能背在身上的禮物，回到闊別四十多年的家鄉。許多單身的老兵，都將他們一生的積蓄，存進了父親的帳戶裡。他們說：「我如果回來，就還給我。不回來，你就留著。」父親和他的朋友，只需要說一聲，幾句話，就是一生的承諾。當眷村的老兵們漸漸年老體衰時，他們都會對父親交待自己的後事：「老蘇啊！交給你辦，我就放心了。」這樣的重承諾、講義氣，也成了我對待朋友的堅持。父親卻曾經語重心長地對我說：「你這七俠五義的個性，已經不適合現在的社會了。」我明白父親的擔心，他擔心年輕的我識人不清，擔心我的意氣被利用。

我的父親文筆非常好，至今還留下非常多的手稿。有詩詞、有散文、有遊記，還有一本泛黃的小冊子，上面全都是他在民國四十幾年投稿《聯合報》的新詩。他寫著他的一生、寫遊記、寫國事、寫家書。母親說：「當年就是因為他的文筆和文質彬彬，所以才嫁給他的。」我在父親寫的文章裡，看見他一生的經歷，他年輕時追求母親的愛戀，看見他對國家的忠誠和思念家鄉的情懷，也看見了他對家庭的無盡付出和對子女的期待。父親的身教，也透過文字，深深烙印在我們的心裡。

父親在過世的前幾年，常常提起：「我今生了無遺憾，雖不富裕，但無愧於心。」還說：「我隻身來台灣，沒田沒產，沒能為你們留下什麼，我能給你們的，就是跟隨你們一輩子的名字，這名字，你們得要靠自己去擦亮它。」在父親過世後，我開始努力擦亮，擦亮他給我的名字。

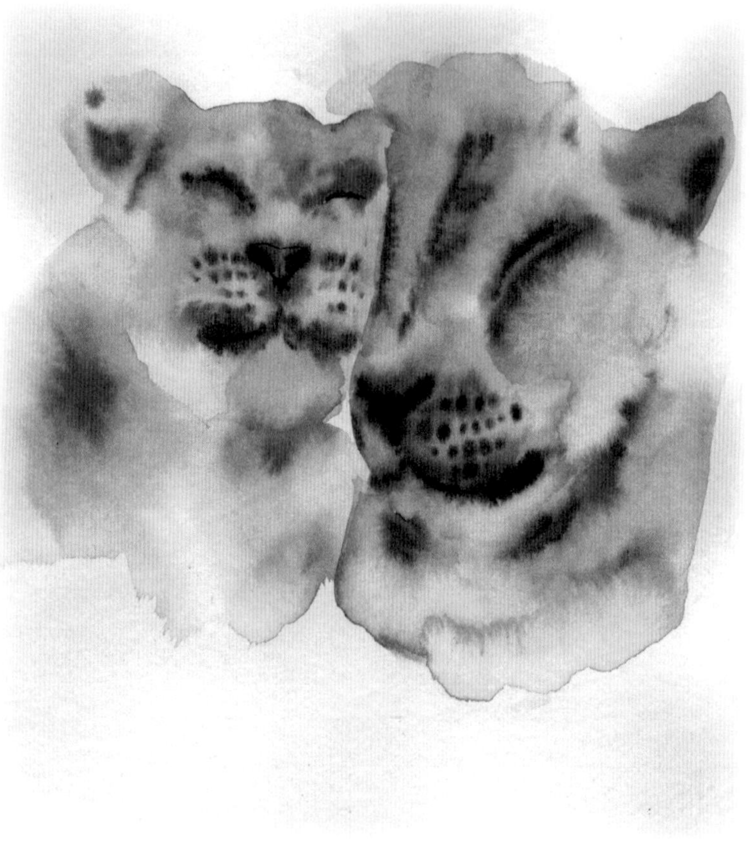

大人的身教，是孩子一生的模範。

老師，你誤會我了

我讀國中的時候，依舊過著自己許多畫面和探險的日子。國中距離我家很遠，如果心無旁騖的專心走路，需要三十分鐘，但我總要提早出門，因為我常常在路上耽擱。每天出門，我要跳起拉住大門上的水泥蓋，就像吊單槓一樣至少練習十次。走了五步以後，要跳起來摸到大樹垂下來的樹葉，試試自己今天是不是能跳得比昨天還高。直到走出小巷，還要去廢棄的鬼屋裡，確認昨晚有沒有發生什麼新鮮的事情。

走上大馬路，有一條很深的水利大圳，藍綠色的水不知道流向哪裡？我每天也要趴在欄杆上，癡癡地看著水流，想像一群一群的魚掙扎著往上游，就像小學課本裡寫的一樣，我想像自己是先總統蔣中正，披著披風，要學習魚兒力爭上游的精神。那時，路上有許多同學匆忙地走過去，每個人都心事重重的樣子，直到有人喊著我的名字，我才想起自己應該加快步伐，繼續前進。

穿越過車流量大的縱貫線公路，走五分鐘後，還要踏上一百八十四個階梯才到小山腰上的校門口，再爬兩段短短的階梯就能到教室了。我記得總共是一百九十六階。我每天爬樓梯都用不同的方式，有時候一步一階，有時候一步兩階，也有時候挑戰一步三階，或者有規律性的混合著。我想知道，到底哪一種走法到最後才能剛好走完。現在想起來，用除法即可算出，但當時，只知道不斷的試驗。

我在學校裡的時間也很忙，還記得操場旁的土堆裡有一個洞口，我每一節的下課時間都會提著水桶往裡倒，連續三天，水都沒有滿出來，我好奇著那洞口的深度，想著裡面是不是有會喝水的動物？結果，終於從洞口跳出一隻超大的蛤蟆，醜惡的皮膚和好大的肚子，一隻、兩隻、三隻……我努力地數著，竟然跳出好幾十隻的蛤蟆。自從那一次後，我對土堆裡的洞口一直心存戒心，再也不敢隨便嘗試。

國中時期，我已經學會安份的坐在教室裡，模仿認真的樣子。我聽著老師上課、看著老師的嘴形，我想著那些字從嘴裡掉出來，有的字還糾結在一塊兒。歷史老師說著七七盧溝橋事變發生的原因，是日本人藉口一名日本兵失蹤，所以發動了戰爭。我想著一個日本兵揹著槍逃走的畫面，我想著兩軍作戰的慘烈情況，就像實況轉播一樣，令人目不暇給。

我學會了盡量努力完成老師交代的功課，但總趕不上老師分發作業的速度，每當被學藝股長追殺時，掛在公佈欄上的優缺記錄表中，我的黑格就會變長。再加上遲到或是沒有準時回教室等原因，我的黑格永遠是班級五十四人中第一長的。我從一張圖畫知道班導師非常不喜歡我，不喜歡的答案至今未明。而那張素描圖是我最專心的一張畫，畫一隻握緊拳頭的手，我喜歡那緊握的感覺。而他喜歡的同學，畫得一團髒兮兮的黃色圖案，聽說是草地裡的兔子。那看不出來的兔子得到九十六分，我緊握拳頭的肌肉手只有六十分。

當時，每次月考都會公布名次。我和一位鄧姓同學總是包辦了最後兩個名次。有一次月考，我認真了一晚，將《公民與道德》的課文看完了，那對我來說沒有太難，因為內容只是將爸爸常說的話轉換成文字。其他科目，我也試圖要看，但真的看不懂。

有一天上《公民與道德》課的時候，老師發著月考考卷，從最低分開始唱名，那氣氛真讓人害怕，時間一分一秒的過去，好像等待了一個世紀之久，老師一直沒有叫到我的名字，我等著！怕著！僵硬著！因為少一分打一下的板子，好痛！終於，老師喊了我的名字，我竟然考了100！天哪！那個1和兩個0，對我來說是多麼的陌生和遙遠呀！竟然會出現在我的試卷上！

我沒有太多的興奮或努力有成的感覺，多半是訝異和茫然。接過我一百分的考卷時，老師的眼神令人畏懼。當下課鐘聲響起，我正打算離開教室時，卻聽到老師用非常嚴厲的口吻喊著我的名字，讓我到辦公室報到！她冷冷的問我：「月考抄誰的？」我說：「沒有抄誰的。」當我說完後，就被打了五大板。老師接著問了好多次，我還是回答：「是我自己寫的，沒有抄別人的！」

站在老師面前，我腦海裡出現革命志士被捕遭受凌虐時，他們身上淌著血，依舊堅毅面對的樣子。最後老師讓我罰站了一節課，是站在辦公室門口那種斬首示眾的懲罰！老師要我站在那兒認真反省，我看著老師進進出出時的搖頭歎息，看著同學來來往往的指指點點，我反覆的想來想去，想著我的一百分，卻想不到老師是懷疑我作弊！現在回想老師一定要我承認是作弊的心態，應該只是因為老師戴了偏光鏡，是他的偏心和成見造成的。

我想起小學三年級時，母親送我去補習數學的事情。經過老師長時間的個別指導，我的數學月考曾經考了一百分，老師在同學面前大聲地稱讚著，她說：「蘇偉馨就是因為寫完考卷以後，還能仔細的再次驗算和檢查，所以才考了一百分，大家要向她學習。」那個讚美從此奠定了我對數學的信心和喜愛。我想，如果當年《公民與道德》的一百分是被老師稱讚的，如果當時老師大聲公布了我力爭上游的努力，我或許會因此改變了對其他事情的好奇，而加入用功讀書的行列呢！那將會是一條不同的人生路。回首過去，感謝戴著偏光鏡的老師，感謝她的偏見和誤會，讓我知道身為一個老師對於學生的讚美有多麼的重要。

父親的一把尺

在成人的世界裡，個人的好惡價值觀，深深的影響著我們的生活、影響著我們的下一代。但在孩子的世界，在尚未建立是非對錯的單純世界裡，成人的心態價值和行為表現，幾乎是被孩子印記在腦海裡，照單全收。有云：吾日三省吾身。這反省不但是個人的修為，也是為了下一代。

我的外甥在小學一年級的時候，曾經好奇的問一個患小兒痲痺單腳不良於行的女老師：「你為什麼要這樣走路？」老師的回答是：「因為這樣走路比較快！」之後的一個星期，我的外甥依樣畫葫蘆的拖著腳嘗試速度，最後他的媽媽才解開他的疑惑。

外甥也從嘗試中體會了不良於行的痛苦，並學會了體諒別人的善良。

從老師的不願正面回應，可以感受到她對於不良於行的心態，她已經接收許多別人的異樣眼光。而這些異樣的眼光，足以讓人感受到強烈的痛苦，且無法提供她所需要的支持和鼓勵。孩子的觀點中，並沒有成人世界那把自認公平的「比較尺」，一把比較尺量出多少人的自悲和不安，量出多少孩子的挫折與叛逆！身為成人的我們，是不是應該思考和檢視一下，我們尺上的刻度和標記是否有了偏差呢？

有一天，一對父母帶著四歲患有白化症的兒子來學校。父親略顯急促和強勢，母親大多沉默，眼神中可讀出柔順和壓抑的特質。孩子天真乖巧，有一般小男孩做不到的「聽話」。一家三人坐下後，發言的只有父親，孩子一直努力的用削鉛筆機削著彩色鉛筆，不時停下來看削好的彩色碎屑。母親只是被動的接收父親不斷遞來的眼神，由許多細微的表徵，約略了解父親在這個家擁有所有的權力。母親無言的眼神好像做錯事情的孩子，似乎沒有參與和發言的權利。

父親不斷的提出問題，過程中，發現父親並不能靜下心聽完別人的話。我們之間的談話在幾番轉折之後，我知道了父親最大的疑問，就是孩子在學校裡是否能得到

「特殊兒童」的特殊待遇？父親反覆的說明，白化症因視力較弱，需要老師更多的關注，但又不斷強調，希望大家不要用特別的眼光去看待，不要讓孩子覺得自己是「與眾不同的」。

在成人的心裡，都有一把「比較」的尺，它可以依照個人喜好而訂出優劣勝敗，更可以衡量福禍和虛實。父親的尺，清楚的標明孩子的與眾不同和弱勢，而作為一個父親，如何能忍受自己的孩子竟生來弱勢呢？慌亂、自責與自卑的情緒糾結，他在孩子的未來環境裡要求著特別關注但不要特別的眼光。

在孩子的世界裡，其實沒有大人丈量世界的那把尺。男孩上學的第一天，其他同學看見白髮和白皮膚，都以為他是外國人，直到他開口說話。同學回去興奮的跟媽媽說：「媽媽，你知道嗎？今天我們班上來了一個外國小孩，而且，他會說我們的話耶！他已經是我的好朋友了。」白化症男孩在班上的人緣極好，父親所擔心的異樣眼光也從未發生過。期間唯一的特殊需求，就是出門時必須戴上太陽眼鏡。

前些時候，白化症男孩來報了喜訊，他考上了心目中的理想公立高中。目前，在學校裡依舊人緣極佳並且名列前茅。我曾經問父親：「孩子除了顏色和視力較弱外，和一般孩子有什麼不同？」在父親心底深處衡量出來的特殊兒童，是不是因為心中有了一把標準化的尺？在比較之下，顯現出自己孩子的與眾不同呢？這個不同，是父親的眼光、是父親擔心的……別人的眼光。

同樣是父親的眼光。我的同事阿貝，他有一對兒女，從幼兒園起至今，哥哥已經六年級，妹妹也四年級了。兩個孩子每天隨著爸爸一起到諾瓦上學、一起回家。常常我們必須留下來討論事情時，兩個孩子也跟著到晚上。兄妹倆興趣非常多，也非常的不同。

哥哥小時候的玩伴都是女生，直到現在，對許多事情都充滿著好奇。除了一般男孩都會的事情外，他也喜歡拿棒針打毛衣、編織、用縫紉機做抱枕。妹妹自小就不穿裙子，但堅持留長髮。她最近迷戀上打棒球，阿貝也帶著她去買了棒球手套等用具。

我常觀察著這個爸爸是如何教育這兩個孩子，發現他從來不限制也不干涉孩子的興趣。兒子要求買毛線、買棒針或是女兒要求棒球手套時，他都會在最短的時間內滿足孩子的需求。有人問起他的孩子似乎和一般人想的男孩、女孩不太一樣時，他總會回答說：「那有什麼關係？或許哥哥有一天會是服裝設計師、妹妹是棒球國手呀！孩子喜歡就好。」

父親心裡的一把尺，如何衡量自己的孩子？心中的一把尺，代表我們對所有事物的價值觀，更深深的影響著自己的判斷與作為。刻度和標記清晰正確的尺，能幫助我們判別事情真偽；歸零，能讓自己清楚發現每個人的進步。歸零的尺，讓我們學會讚美；空白的尺，讓每個人有重新再來的機會！懷著這樣沒有負數刻度的尺去衡量每一個人、每一件事情，單純而美好的事物才能清楚浮現。

在為孩子打造安全的海綿世界時，
也同時扼殺了孩子認識危險的能力。

我就不信

小時候，我們一直是全家人一起共進晚餐，爸爸負責切菜，媽媽燒菜，大姐煮飯。當一切就緒後，我們幾個年紀小的，就負責擺碗筷和盛飯，等父親說開動後，大家才能開始動筷子。媽媽說：「大人還沒上桌前，小孩要去請大人來吃飯，要不然不能先吃，因為這是禮貌。」

大家都已成年後，能共進晚餐的機會比較少了，有時候已出嫁的姐妹回娘家時，媽媽就會特別準備豐盛的菜餚。因為媽媽是客家人，家常料裡的菜色就已經讓人垂涎三尺。每次當我們大快朵頤時，媽媽總是坐在旁邊說話。她說煮菜的人都會吃不下，所以先當廣播電台。在餐桌上，每個人一邊吃著、一邊聊著。有時嫌媽媽的菜太鹹，媽媽說：「這樣才下飯呀！我故意的。」有時嫌媽媽的菜少了鹹味，媽媽說：「不鹹才能多吃，而且多吃菜對身體好呀！」反正媽媽永遠都有她的道理。

有一回，我們都開始吃了，媽媽還拿著鍋鏟不停地在炒，一隻手還插在腰上。我們喊了好多回，媽媽總說等一下，讓我實在好奇是什麼菜要煮那麼久？媽媽說：「我就不信它不張開嘴。」我忍不住跑到媽媽旁邊看，才發現鍋裡有七、八粒緊閉的蛤蠣，媽媽說：「看你硬還是我硬，我就不信它不張開嘴。」她竟然跟蛤蠣卯上了。

在生活中遇到的許多難題，無論是修不好的熱水管、拆不下來的燈泡，或是找不到的東西，媽媽也常將「我就不信」的精神發揮得淋漓盡致，而這樣的信念也讓她解決了許多令人困擾的事情。

我想起了一隻老鼠的事兒。我記得，有一回，家裡出現了老鼠，媽媽查看了樓上樓下所有的地方，非要找出老鼠進出的路線，準備一舉殲滅。房子周圍的所有水溝、水管都被母親清理乾淨，就等著老鼠再次出現。為了老鼠，母親忙進忙出，誓言要將牠消滅。她說：「老鼠會讓人生病，絕對不能放過牠，不能讓牠侵犯了我的家。」

當時，我們都覺得她認真的精神好像作戰一般。她說：「我就不信我抓不到牠。」終於有一天晚上，老鼠再度出現在客廳裡，被父親一棒打死。看著那隻死老鼠，媽媽終於鬆一口氣說：「我就不信我鬥不過老鼠！牠居然敢跑到我的房子裡！」這個女人捍衛自己的家庭，連一隻老鼠都不願意放過。我相信，天下作為母親的人，為了她的家庭、先生、兒女，會願意犧牲自己的一切。

母親高齡八十了，但腦筋靈活、身手矯健，網路上的通訊軟體樣樣精。她說：「年紀大了，自己要學會過生活，像我，每天都很忙碌，有時候買個菜回家，臉書上就一大堆的訊息，還有一大堆的line要回。人要活到老、學到老。不能讓自己的腦袋放空空、放著老化，這會變成兒女的負擔。而且要隨時保持自己跟得上時代，其實這些電腦、網路都很方便，可以讓自己知道現在的世界。」她說：「在臉書上，我有好多朋友，他們都很佩服我會用電腦，我跟他們說，人哪裡有什麼學不會的？就看自己願不願意學。老了，只是年紀大，不是老了就會笨。我就不信我學不會！」媽媽每天都在網路中研究著國家大事、社會議題，還有紅極一時的偶像劇、歷史劇，這樣積極面對生活的態度，確實讓我們自嘆弗如！

媽媽上進的人生態度，靠著「我就不信」的堅強意念完成了許多事情。在五個孩子都已成家立業後，她和朋友一起報名，參加了媽媽國中班。每到月考之際，她都非常認真的準備著，她說：「我的同學都說記不起來，我才不信呢。不相信，你們來考我。」於是，我開始拿著考題問媽媽：「黃帝建都哪裡？」她很快地就說：「有狗熊的地方（有熊）。」我問她（a+b）的平方公式，她說：「這個太簡單了，a和b的頭上都有個2，ab站在一起時，2就在前面。」她回答完還沾沾自喜的說：「看吧！人就是要想辦法幫助自己，哪有什麼記不起來的事情？我就不信有這麼難！這叫做天下無難事，只怕有心人。」

媽媽也常常以她自己為例，和我們說她的人生哲學、她的處事道理和原則。也常在我需要提點的時候，展現她的智慧。有一次，母親和朋友出遊三天，回來的時候拿了一張詩籤給我。她說：「這是我用毛筆寫的，上面的字句就是你應該努力的方向。」我好奇著上面究竟寫什麼？打開一看，上頭寫著：「大其心。容天下難容之事。寬其心。聽天下難忍之言。」我想了許久，這應該是智慧的最高境界了。媽媽說：「凡事不計較，有容乃大。」當我工作忙碌得焦頭爛額之際，手機裡傳來媽媽的訊息，上面寫著：「千處祈求千處應，苦海常做渡人舟」。她總是希望我們能夠隨時隨地的幫助別人，真心善待每一個人。她說：「人在做、天在看，一切不計較、要學會放下，放下才能自在。」

常和媽媽談起許多往事，媽媽說：「一個女人是家庭裡最重要的，要照顧好自己的先生、兒女，要保護好自己的家庭、要教育孩子成為一個正正當當有用的人。」她說：「為母則強，我就是母雞帶小雞，有老鷹來，我也能抵抗，為了自己的小孩，我就不信我打不過兇猛的老鷹！」這母雞保護小雞的堅強和我就不信的性格，帶著我們五個兄弟姐妹，順利的走在人生的路上，成家立業。

機會教育

我在眷村裡出生，在眷村裡長大。我小時候住的房子，只有十七坪大，每一家都相連在一起，中間的隔牆是泥土，和對面鄰居的距離也不到一公尺。在那樣擁擠的生活環境裡，每個家庭的生活方式、夫妻相處、小孩教養等，幾乎都是公開的了。在那幾排的房子裡，是我小時候的全世界，我們的家都一樣大，爸爸都是軍人，但是我們的每個家都好不一樣。

我的父母喜歡聽音樂、看電影，只要小鎮上的電影院播放新的電影，母親就會讓我們提早吃晚餐、幫我們洗澡，然後爸爸帶著全家人一起去看電影。當時我們還小，去了電影院也看不懂，但只要電影裡有人喝水，我們也嚷著要喝水，爸媽就會輪流帶我們去電影院裡的小賣鋪買汽水喝。在那個年代裡的電影，我們幾乎都看過了，有的電影還不只看過一次，像〈梁山伯與祝英台〉就看過六次。因為當時的時代背景，許多電影都與歷史有關，我記憶中的明朝歷史，最初就是來自於〈臭頭皇帝朱元璋〉這部電影。還有〈八百壯士〉、〈筧橋英雄傳〉等都讓我記憶深刻。

　　媽媽喜歡將每個孩子都打扮得乾淨整齊，女生留長髮也每天要綁辮子，要穿襪子、皮鞋才能出門。媽媽說因為我太會流汗，所以四個女孩當中只有我剪了短髮。即便短髮好整理，每天也要梳整齊後才能上學。許多小事情父母都會解釋給我們聽。媽媽說：「最裡面的衣服要穿在褲子裡，肚子沒有露出來才不會著涼；吃飯要坐端正、一手拿碗、一手拿筷子、筷子不能伸到湯裡面、夾菜要夾靠近自己的地方等……。」許多長大後的應對進退，就在父母平日的耳提面命下養成了習慣。

　　我的父母很喜歡聽音樂，爸爸常提起當時的土地一坪九十元他沒買，卻用了九百元買了一台小收音機，就是為了聽歌。後來我們家的黑膠唱片排得滿滿的一排，媽媽每天都會播放許多歌曲，在音樂聲中，忙著做不完的家事。媽媽說：「人活著最重要的是快樂，家裡插一盆花、放些音樂，是一種享受快樂的方式。」

長大後，我們每個人都要獨立面對所有的人、事、物，在待人接物、應對進退之間，許多的小細節都來自於家教。更多的生活態度與習慣，也是從小時候的環境中養成。正如我的母親認為，人的一生最重要的是快樂，所以當我們在許多事情面臨抉擇的時候，都會考慮是否能得到真正的快樂。

媽媽是個標準勤儉持家的硬頸客家人，我遇到的許多困難，都在母親幽默正面的思考中得到解答。當我高中畢業，同學都考上大學時，我很傷心自己的前途茫茫，媽媽說：「如果我能像你一樣高中畢業，我每天都會開心的不得了。而且天無絕人之路，現在的前途茫茫，只是你看不清楚未來，看不清楚未來，不代表沒有未來，你總有一天會看清楚的。在看不清楚的時間裡，正是自己努力的最好時間。」當時我雖然無法理解其中的含義，但我知道了只要努力，天就無絕人之路。

一個家庭的氛圍影響人的一生非常大，父母對許多事情的認知和看法，也是影響孩子一生發展的重要關鍵。我的母親常說：「一個人的家教很重要，從許多小地方的表現，就可以看出來父母有沒有教。」所以，小時候吵架，被罵什麼都沒關係，就是不能被罵沒有家教，因為那是罵自己的父母。

現在新聞媒體不斷報導著校園霸凌事件、青少年潑糞、虐待動物、還有毒品充斥校園、墮胎等問題。這些問題的產生，必須承擔責任的相關單位很多，但最根本的問題，還是來自於家教，來自於父母的教育。這一代的父母幾乎各個知書達禮，對於親子教育也相當重視。坊間有各式各樣的教養參考書籍，才藝補習樣樣不缺。在這樣充裕的教育條件下，我們卻常常要問：我們的教育到底怎麼了？

其實，這樣的問題在於，父母與學校的教育方式出了問題，問題重點除了「教什麼」以外，更重要的是，在於「怎麼教」？不要將這些道理變成口頭上必須恪守的諄諄訓誨，而是將人生智慧或是待人接物的道理融入孩子的生活教育中，利用機會來教育。機會教育，通常是孩子最能接受的時候。

我想起十六歲的時候，有一天晚上，在眷村的巷子裡散步，突然看見巷子口有脫褲色狼，我跑回家跟父親說了以後，父親就和眷村裡的許多叔叔伯伯一起追出去，最後無功而返。過了幾天，家裡突然出現了附近軍營的連長，帶著三個阿兵哥來讓我指認，我一眼就看出那個脫褲色狼，然後告訴了連長。父親看了我一眼，然後回頭跟連長說：「那天月色昏暗，誰都沒看清楚，沒辦法確定是誰。」然後，讓連長帶著兵回部隊去了。當他們走後，我很生氣的跟父親說：「明明就是他，為什麼你要說認不出來呢？」父親說：「我知道你一眼就認出他了，但是，你知道他一旦被指認，要受軍法審判，他的一輩子就毀了。他今天被帶來指認，我相信他以後不敢再犯了，讓別人有改過自新的機會，就如同我們犯錯時也會希望得到諒解一樣。」從這一件事情發生後，我學會了用別的角度去看待別人的錯誤，也學會了原諒別人、釋放自己的道理。

生活是由許多事情串聯起來的故事，無論是每天例行的食衣住行或偶發事件，都存在著可以教育孩子的機會，我的父母從來不會在孩子吃飯、睡覺時間罵孩子，即使犯了天大的錯也一樣。媽媽說：「吃飯皇帝大，要開開心心的吃飯，才能幫助消化和吸收。」她還說：「如果睡覺前罵小孩，小孩會心情不好的去睡覺，除了會做噩夢以外，睡眠品質差，小孩就不會健康長大。」我父母說的道理都很簡單，除了孩子的健康快樂外，他們用生活上的小事情，讓我們明白了禮、義、廉、恥、四維、八德的道理。雖然這些都是很基本的老生常談，但這些教育卻幫助我在生活中，不卑不亢的表現恰如其分。

將孩子捧在手心上，會讓孩子失去腳踏實地的機會。

背包裡的擔心

五年級的小孩要挑戰雪山，開始了體力訓練，小孩忙著計算自己的體重和背包之間的平衡。出發的前幾天，有一個女孩的父親打電話來說著自己的擔心，但最後還是妥協了，同意讓孩子參加。

這對夫妻只有這個寶貝女兒，從小便呵護備至。直到三年級時，許多親戚朋友都忍不住跟他們說：「你們的女兒九歲了，怎麼行為很像才九個月大？」夫妻才開始驚覺是不是自己的教養出了問題？

女孩剛轉進諾瓦時，只要心情不佳，就會躺在地上大哭大鬧的發著脾氣，讓其他同學都無法接受，人際關係也非常不好。有一回她又發脾氣，抓起椅子就摔，一張椅子被摔得支離破碎，胡鬧的程度令人驚訝。一年多來，父母從原來的寵溺到學會放手，在教養方式改變後，女孩成長了許多，也改掉了任意發脾氣的壞習慣。

父母在練習放手時，登雪山這個消息，對他們來說真是個大挑戰，他們沒辦法不擔心。父親說著同意孩子登山的掙扎，他說：「我們每天都在想，有什麼理由可以跟老師說，我們不想參加。終於，在登山的三天前，小孩的腳被玻璃割傷了，我們好開心的帶著孩子去醫院擦藥，我們第一次感到無比開心的帶孩子去醫院。在擦藥的過程中，我問了醫生：『她的腳傷應該無法去登山了吧？』醫生好奇地說：『要去登什麼山？』我說：『學校要帶他們去爬雪山。』醫生說：『一個小學生，學校居然願意帶孩子去爬雪山，這是太難得的事情了，為什麼不參加呢？這是人生難得的機會呀！』我說：『但她的腳已經受傷了呀……』醫生說：『這一點點小傷，一兩天內就會復原了，根本不礙事兒。』」

父母親聽完醫生的話，掙扎了許久，終於還是讓孩子參加了雪山行程。出發前一天，老師陪孩子們再度檢查登山裝備，將每一個背包都秤過重量。就等著隔日出發。

出發當天，女孩的父母不放心的到學校看著孩子出發，並不斷地叮嚀和打開背包檢查裝備。終於，憂心忡忡地目送孩子離開學校。

那一次的登山行程，我陪孩子們走到七卡山莊。沿途，女孩一直喊著：「我走不動了！我走不動了！」我說：「前面隊伍已經到了七卡山莊，只剩下我們兩個，短短的路程你休息了那麼多次，還說走不動？」她說：「我的背包太重了啦！」我說：「昨天背包不是檢查過了嗎？應該是你能負擔的重量呀！」女孩說：「我秤過啦！本來是標準的重量，但是今天早上我爸爸媽媽又塞了很多東西進去。」我驚訝極了，問說他們為什麼要多塞東西？女孩回答：「他們擔心我的排汗衣不夠穿，又多塞了兩件進去，還有衛生紙和其他食物，反正他們就塞很多東西就對了……」一邊說，一邊生氣著。

沿途，我陪著她慢慢地走，並開始對她曉以大義。我說：「父母愛小孩是天經地義的事兒，他們用他們會的方式在愛著你。但是你長大了，你會發現，有時候父母愛的方式會讓你變成負擔、變成沒有能力的人。所以，你應該要練習告訴父母，你可以把自己照顧得很好，就像他們在照顧你一樣，讓他們放心。要不然，就像你的登山背包一樣，背著父母過多的擔心，你永遠走不遠，走不久。」

一路上的陪伴和碎念，我們終於抵達了七卡山莊。女孩到了分配的床位後，立刻打開登山背包，拿出過多的物品，將父母的擔心，放在床頭。她說：「等回程的時候再拿吧！因為我攻頂的時候真的不需要那麼多東西。」

過度擔心的女孩父母每天等著，就怕漏接了寶貝女兒打回來的電話。每次接到小孩報平安的電話時，都反覆地問：「還好嗎？冷嗎？有吃飽嗎？有穿暖嗎？會不會太累？」從女孩的應答裡聽得出來她已經學會了如何讓父母放心。

在大家期待我不要變成他們的負擔下，我目送了隊伍邁向三六九山莊後下山，並帶回一個登山嚮導不同意他上山的男孩。男孩出發時就身體不舒服，雖然家人力勸他不要參加此次的行動，但是他很堅持。我們同意了再看情況決定。於是，他跟著大家一起到了七卡山莊。

第二天一早，男孩發燒了，老師和嚮導們商量著，最後決定不要冒險時，男孩開始哭著說：「可不可以讓我試試看？我都已經到這裡了。」我們雖然心疼，但理智上知道不能讓他上去。於是我跟他說：「沒關係！我們下次再來、再來一次。今天如果讓你去，真的太冒險了。」於是，我帶著一路哭著下山的男孩回到學校。

第二天，由七卡山莊走到三六九山莊，隊伍行進速度比當初預估的時間提早許多，孩子的體能狀況也非常的好，女孩從剛開始的落後，變成了先鋒隊。老師打電話報了平安後，我還是不忘提醒他們要一路小心。我看著地圖，想著他們在幾個小時內就爬了將近六百公尺高，真是佩服！第三天早上剛醒，就想著他們要攻頂的事情，不知道他們要登到雪山主峰，是不是每個孩子都願意？會不會有人會打了退堂鼓？畢竟已經經歷兩天的疲累了，亢奮的情緒應該也消退了些。

中午十一點十分，我的電話響起，是帶隊登山的老師打來的。電話那頭傳來極興奮的聲音說：「校咪，我們成功了！我們攻上雪山頂了！」我在辦公室大喊著：「耶！恭喜恭喜，好棒！你們都好棒！恭喜！耶……真是開心。」電話的背景聲音滿滿都是孩子歡天喜地的驚呼和尖叫聲。真是令人感動的一刻，我聽到孩子為自己挑戰成功的歡呼聲。

老師說：「還有一批在後面，我們是第一批。」並提到這學期剛轉來的女孩半路折返，因為「疑似」高山症。緊接著另外一位老師傳來簡訊說：「登上雪山主峰了，好開心！這裡好美！謝謝你，給了我這個機會。」

老師說，當最後一隊抵達，代表著全隊的挑戰成功，他們抱在一起又哭又笑的，大家都感動莫名，這是連日的辛苦換來的成功體驗。孩子們更肯定自己只要努力，沒有做不到的事情！我想像著他們的喜悅和激動興奮，我說：「辛苦了！」老師直說：「這裡美極了！孩子好開心！」

老師在電話中提到，另一個男孩走到圈谷的時候，身體開始不太舒服，大家問他要不要折返回山莊休息，男孩說：「我當然不要回去呀！我都已經走到這裡了。我休息一下就好。」他堅持一定要攻頂成功。嚮導經過評估，同意了男孩的堅持。

女孩的父親也在同時間接到攻頂成功的電話，父親說：「當時雖然在辦公室，但還是興奮地舉起我的手大喊：『我的女兒攻頂成功了！』同事們都起立鼓掌為我的女兒歡呼。」他說：「我無法克制的老淚縱橫，我的女兒居然也能登上雪山，我真的感謝你們。這是我們一生難忘的時刻。」

四天三夜的行程，孩子們突然長大了許多。他們回到學校時，全校都列隊歡迎，歡迎諾瓦的小勇士平安歸來。他們雖然難掩疲憊，但還是熱情的分享著這四天三夜所發生的一切。

聽到他們互相稱讚著、聽到他們說還幫忙撿起其他登山客丟棄的垃圾，我相信這四天三夜的收穫不僅僅是雪山的標高、地形、生態等知識，他們也懂得了如何珍惜山林、如何照顧同伴，以及滿滿的自信和勇氣。正如醫生所說的，這是人生中難得的一堂課。

孩子像父母手中的風箏，抓在手裡會失去擁有的意義，
放了風箏又怕斷了線，父母對孩子的掛心，總在兩難之間。

分心不是我的錯

那天，朋友談起她剛上小一的兒子，每天上學都愁容滿面，問他最喜歡什麼課？小孩不假思索地回說：「下課！」媽媽一臉無奈的說：「我的兒子不愛上學。而且老師常常問我要不要帶孩子去看醫生？並且說我的孩子上課不能專心。我要不要帶孩子去看醫生呢？」我跟朋友說：「孩子上課不專心，其實是老師和課程設計的問題。」

我常常對學校的老師說：「孩子上課不專心，老師要檢討。不專心的最大主因是來自於無趣的課程。」

要讓孩子喜歡上課、讓孩子有主動學習的樂趣也並非難事。但在台灣教育體制的大環境下，在牽連甚廣的環節裡，藏有許多讓人無法理解的事情。要在這樣的環境下找到孩子主動學習的樂趣，確實有些困難。我和朋友說：「照本宣科的老師，還是得負最大的責任。」

舉個例來說吧，以時下的社會型態或流行看來，中國古典文學似乎逐漸失勢了。在小學裡有古文課程的更少了，總擔心孩子無法理解和接受。大多願意推行的學校也僅止於背誦，遑論啟發孩子對古文的興趣了。我就以老師認為挑戰性最高的古文課程，來談談如何讓孩子喜歡上課。

在《道德經》課程開始之前，得先設計一套完整的連貫計畫，從介紹老子開始，一直到他的思想以及《道德經》內容。聽起來容易，但做起來確實工程浩大。授課的老師如何讓孩子在上課的時候願意接受這摸不著邊際的古人呢？我隨手拿起一個杯子問老師們：「你們覺得這個杯子漂亮嗎？」老師們正疑惑時，我又重新問了一遍，「這個杯子是我親手做的，你們覺得漂亮嗎？」老師們一陣驚呼。相同的杯子，問相同的問題，而老師們感受不同的差別，就在於他們對我的熟悉程度，因為熟悉作者，進而對杯子有了不同的感受。所以說，要介紹文章之前，首先要讓孩子熟悉作者，而且要能讓孩子產生高度興趣的熟悉。無論是稗官野史或是正史，盡量地收集孩子有興趣的內容，例如「紫氣東來」的由來，正是說尹喜見到老子得道西歸時的現象。說這個故事時，孩子就已經開始興致勃勃了。

我們學校三年級開始讀老子的《道德經》，從老子得道西歸，尹喜非要讓他留下得道的祕旨故事開始，一連串老子無法說清楚的有趣故事，所以然的接著「道可道，非常道。名可名，非常名。」……孩子明白了老子無法說清楚的原文。接著說到概念，無論老師的手指著什麼東西，孩子都能清楚地說出名稱，為什麼呢？啊！原因在於萬物都有名稱。接下來，就可以談到老子《道德經》裡「無名天地之始，有名萬物之母」的意義了。

另外說說介紹蘇軾的時候，我總會拿出家傳的古董，那是光緒年間流傳下來的族譜。翻開第四十二世寫著蘇軾、蘇轍名字的那一頁。孩子親眼看見早已泛黃的族譜，驚嘆不已。

然後呢？我從東坡的爺爺蘇序開始說起。那豪邁愛喝酒的老頭兒，做了許多讓人開心的事情，孩子聽得入迷，漸漸地熟悉了東坡的家族，他睿智的母親程氏、一直考不取功名的頑固老爸蘇洵，還有永遠理智冷靜的弟弟蘇轍、年輕早逝的妻子王弗等。故事說完了，課程中讀起蘇軾的〈江城子〉，「十年生死兩茫茫，不思量，自難忘……」直到「相顧無言，唯有淚千行」時，孩子個面容哀戚，感嘆連連，他們感受到東坡先生身處他鄉，無處話淒涼的感受了。

蘇序愛喝酒，東坡先生也喜歡小酌幾杯，但酒量就沒有爺爺好，帶著孩子讀〈定風波〉，這句「竹杖芒鞋輕勝馬，誰怕？一蓑煙雨任平生」。好一個豪氣。我問孩子說：「你們猜猜看，東坡在寫這篇文章時，喝了酒嗎？」孩子眾說紛紜之際，我唸出下一句「料峭春風春酒醒，微冷」，孩子們開始愛上東坡豪邁不羈的個性，和他在朝廷中老是被貶的故事，當然也能體會東坡「歸去，也無風雨也無晴」的心境了。

再說，孩子最愛聽的就是有關神鬼的故事，而關於東坡先生神鬼的故事非常多。由神鬼的故事進入〈鳳翔太白山祈雨祝文〉時，用淺顯易懂的語言和豐富的肢體動作，孩子聽得津津有味，更想知道故事的結果。但我通常在孩子最有興趣的時候就下課了，埋下孩子期待下次上課的種子。每次在下一堂古文課之前，小孩都會忍不住去查相關資料，他們想知道東坡祈雨究竟有沒有成功？我也會耐心地觀察孩子對於課程中故事的反應程度，不一定要急著呈現原文，直到時機成熟，他們對於故事都已熟悉後，再進入原文即可。

說說東坡，說說他的家人，蘇洵、蘇轍也都有代表文章可以讓課程連貫，例如蘇洵的〈辯奸論〉，在解釋「事有必至，理有固然」之前，可以先談談蘇洵和王安石之間的恩怨，說說這頑固的老頭兒，為了不願意參加王安石母喪而寫下的長篇大論，一句「他究竟為什麼堅持不參加呢？」孩子想一探究竟的好奇心就被引起了。他們想知道王安石究竟做了什麼事情？讓蘇洵可以不顧各方的壓力，並且還寫了長篇大論來說明自己的堅持。〈辯奸論〉中所提到「夫面垢不忘洗、衣垢不忘澣，此人之至情也」，談到大家對王安石的印象就是「囚首喪面而談詩書」，到底是蘇洵太頑固？還是王安石做人太奸巧了呢？這一篇〈辯奸論〉就足以成為孩子熱烈討論的話題了。

從上述可以發現，其實孩子對課程有沒有興趣，關鍵都在於授課老師。要引發孩子的學習興趣，老師必須做好十足的準備。如果老師每天照本宣科的輕鬆上課，最後也只能用老師的權威，命令孩子乖乖地學習，孩子在接收命令時，學習的興趣也蕩然無存了。

說完了挑戰性最高的古文課，再想一想一般性的課程，其實，老師要引起孩子的興趣不難，只是，老師做足了萬全的計劃和準備了嗎？如果老師上課時的趣味十足，又怎麼會有小孩上課不專心的問題呢？如果是課程無趣而讓孩子無法專心，卻又要求父母帶孩子去看醫生，懷疑孩子過動、懷疑孩子注意力缺失。這是一個天大的錯誤，也是目前教育中最迅速蔓延的一種謬誤，這錯誤讓許多孩子遭到不白之冤。大人們聽見孩子的心聲了嗎？他們說：「分心不是我的錯。」只要是有趣的課程，任誰都喜歡，又怎會出現注意力缺失的問題呢？

遇到了孩子上課無法專心的問題，照本宣科的老師應該捫心自問，是不是自己安排的課程太無趣而導致問題產生，而不是一味地將問題拋給無辜的孩子。父母也應該仔細觀察，孩子出現注意力缺失的真正原因為何，才能夠藥到病除，讓孩子的學習不再困擾。

選擇快樂

女孩瀏覽到諾瓦的網頁後，要求爸媽帶她來看學校，她說：「怎麼有學校可以這麼漂亮？我一定要去看看。」父母拗不過獨生女的堅持，星期日一家三口開車來學校。當天我和幾個同事剛好在學校，看見三個人在門口張望，問明來意後，知道一家三口遠道而來，而且非常客氣有禮貌，所以破例讓他們在無預約下進學校參觀。

聽說，在他們參觀回家後，女孩堅持要轉學。父親說：「距離太遠了，每天搭車往返時間這麼長，會很辛苦。」母親說：「你現在在學校裡名列前茅，好朋友也很多，為什麼要轉學呢？」父母對孩子分析著轉學的利弊得失，苦口婆心地勸著。

女孩說：「搭車往返的時間長沒關係，因為我可以欣賞沿途美麗的風景。雖然我現在在學校表現優秀，老師和同學都很喜歡我，但是，我去諾瓦會很快樂。請讓我轉學吧。」父母聽了女孩清楚地分析著自己想轉學的理由，決定尊重孩子的想法，於是，舉家遷移到學校附近，讓已經五年級的女兒轉學。

女孩剛來學校時，一副弱不禁風的樣子，無論天氣多熱，身上總會穿件長袖的外套。聽母親說，孩子的身體狀況一直不佳，非常容易感冒。轉學進入班級後，她立刻融入，每天和好幾個女孩一起說說笑笑的，看得出來這孩子轉學後，得到了她想要的快樂。

諾瓦的主題課程中，每人都有一本主題本，記錄著課程從開始一直到完結的過程和發現。女孩的主題本裡，字跡清秀，記錄的資料非常多，還有許多手繪的連環圖，用分圖的方式來註記。每個人在閱讀她的主題本時，都覺得是在看一本圖文並茂的百科全書。女孩在課程記錄中得到一個靈感，她想要創辦一份《諾瓦報》，並提出了辦報計劃。孩子有興趣，我們當然樂觀其成，也提供了所有需要的資源和支援。

女孩辦報紙的消息傳遍了諾瓦，每個被點名的受訪者，都配合小記者的時間安排侃侃而談，或提供資料、或幫忙找連結，女孩忙得不亦樂乎，就連回到家也忙著整理稿件，直到報紙成功刊出。女孩辦報紙的精神感染了其他孩子，所以，他們班下一個學期的課程主題就訂為「報社」，讓小記者的眼界能延伸到學校之外。

課程剛開始時，孩子們走訪了幾家電視台和廣播電台，收集和學習報導的相關知識。在每一次的實地參觀裡，小孩都開心的收獲滿滿。

還記得他們第一個報導的主題就是關於「阿朗壹古道」的爭議。政府為改善屏東、台東兩縣之間交通，交通部公路總局提出「台26線安朔至港口段公路整體改善計畫」，包括要拓寬縣道200號，並且新建台東縣達仁鄉安朔村至屏東縣牡丹鄉旭海村間的省道台26線，完成台灣濱海公路系統。但是引起環保團體的抗議。利用這個極具爭議性的主題，讓孩子練習考量兩方的立場與需求，在產生判定之前，孩子們揹上背包，去了一趟四天三夜的阿朗壹古道。

女孩在報社的主題進行中，和同學一起收集資料、分析和記錄可用資料、經過實地採訪和各地的參觀行程，更加深了她對採訪和報導的興趣。她在諾瓦如魚得水的開心學習著，但兩年的快樂時光很快就過去了，她經常問起諾瓦什麼時候會有國高中？

她好希望能在這樣的環境裡完成她的學業。

女孩國小畢業了，隨著父母又搬回原來居住的地方，在家附近的國中就讀。但每次放假或有機會就會回到諾瓦來看看大家、看看熟悉的動物。女孩說：「讀國中後，我的主題本一直是我找答案最好的手冊，因為裡面的記錄資料太豐富了，有很多是課本上沒有的知識。」她依舊在班級裡名列前茅，也參加了許多社團。女孩說她最難忘的是全班去挑戰巴福越嶺古道，當時，她的膝蓋有傷，父母非常擔心，但她堅持要隨著大家一起完成挑戰。在四天三夜與山林共處後，她更清楚知道什麼叫做勇氣，明白了互相扶持的道理。

現在女孩進入了排名最好的公立高中，成為學校校刊的主編。前些日子，我的手機裡傳來女孩的訊息，寫著：「校長媽咪，我想是不是能夠採訪您呢？內容是關於諾瓦，想登在校刊上。」我想起她五年級時的邀約採訪，我回了：「校長媽咪很開心，等你們，我請大家吃午餐。」約好時間後，女孩不好意思地說：「因為社團幹部有七人，社員有十來人，如果全部去，會不會太打擾了呢？」我回說：「小孩子不要想那麼多，校長媽咪會安排，你們準時到就是了。」女孩又回了簡訊：「好的。謝謝校長媽咪，我好懷念諾瓦的午餐。」

女孩做事情總是謹慎仔細，這一次的邀約採訪也不斷地確認採訪細節，再一次，我收到的簡訊裡寫著：「校長媽咪，明日前往叨擾，共計十五人。非常感謝校長媽咪請我們吃午餐。採訪的發問是交給高一的同學，他們是第一次採訪，如果技巧不足，要請校長媽咪多多包涵。」我回了：「不要緊張，午餐也請小溫叔叔準備了，放心的明天見吧！」

採訪完畢後，知道他們在學校的校刊編輯了許多單元，內容豐富，可看性非常高，並且拿到了獎牌和獎金。我看著這瘦弱的女孩，想著她驚人的毅力和詩人般的思維，很慶幸自己能參與她成長的過程，相信她已經很清楚自己未來的方向。

看著孩子逐漸長大，看著他們在網路上討論著何時回諾瓦，這一個「回」字，讓我們所有的辛苦都成了欣慰。無論年紀、無論優劣，孩子總把到諾瓦的行程當成回家。一個在教育界工作的朋友說：「這真的是不簡單，大多數的人長大後，如果表現好，才敢回學校見見老師，說說自己的小成就。諾瓦的孩子，回學校就像回家一樣的自然和開心，老師們的付出是值得的。」

我想起上回一群高二的孩子相約回諾瓦，有的孩子有感情問題，有的孩子覺得自己表現不盡理想，他們就像回家向媽媽訴苦般說著，有人掉下眼淚，有人安慰……，我總拍拍他們的肩膀說：「不怕！校長媽咪在這裡，什麼都不擔心，有事情就回來。」這群青少年們聽到了兒時最熟悉的一句話，擦著眼淚開心地笑了，說：「我們有勇氣面對接下來所有的考驗，我們知道校長媽咪一直都在。」

孩子的勇氣來自於背後的支持，他們知道，當失去勇氣時，只要回頭看，我們就在他的身後，為他們張開雙臂，孩子們自然無畏，且有勇氣邁向未來。無論是老師或是父母，都應該懂得，孩子需要的是背後的支持，而不是面前的掌控。

與眾不同

我的辦公室牆面上掛了一個非常大的鐘，幼稚園的孩子放學都會經過我的辦公室。有一天，有個五歲小男生問我：「那個時鐘有沒有六？」我一時沒聽清楚，回說：「時鐘當然有六呀！」小男生又重覆了一遍：「那個時鐘有沒有六？」我隨著他指的方向看過去，才發現辦公室的大鐘在六點的位置挖了一個露出鐘擺的洞，我馬上更正說：「喔！那個時鐘沒有六。」

這個小男生很有趣，他的爸媽都說，他堅持的事情完全無法改變。聽說有一回爸爸來接他放學，回家時繞道去買了鮮奶，小孩一路狂鬧到家，因為回家的路不一樣了。爸爸拿他沒辦法，只好載著他回學校，重新走一遍每天回家的路。

有一次放學時間，爸爸來不及接他，臨時換了媽媽來接，他一路哭著說：「今天應該是爸爸來接我。」我們都好言相勸說：「媽媽來接也一樣呀！爸爸剛好有事情不能來呀！」小男生還是堅持，今天應該是爸爸來接他。

上課時，小孩要用到美工刀。老師說：「如果沒有注意安全就會受傷，那今天的課就不能參加了。」那個小男生不小心在手指上劃了一刀，他看著自己的手指，又看看周圍的老師，他發現有老師正看著他時，立刻把手藏在後面，然後奔出教室，還一邊喊著：「我沒有受傷！我沒有受傷。」

有一回，他看見我騎著電動車巡校園，他說：「你騎的是什麼車？」我說：「電動車。」他又問了一遍：「你騎的是什麼車？」我想起上回他問我時鐘有沒有六的問題，趕快重新回答：「這是電動摩托車。」他只回說「喔！」我發現回答的如果不是他心裡要的答案時，他會不厭其煩地一直問著相同的問題。

我發現他很厲害的是，小小年紀總是能將自己所有的東西整理的一絲不苟，從來不會發生忘記帶回家的問題。有一次，他的鉛筆不見了，他不顧一切的翻找著，找了好久終於找到了，他生氣的對鉛筆說：「你跑去哪裡了？害我都找不到你。」

他的父母對於這小男生一直很頭痛，不知道該如何是好，總覺得他是不是有些問題。我說：「孩子學習都沒有問題，或許長大一點兒再評估吧！」小孩的媽媽問我小時候是不是也有這些問題？因為她兒子跟我同一天生日，她相信同一天生日，應該有一定的相似。我說：「我小時候也很堅持，當我堅持繼續哭的時候，可以哭到鄰居都來關心我們家是不是發生事情了呢！」

有天在校園遇見了另一個八歲的小男生，這個小男生也很有趣。我看見他鞋帶沒綁好，走過去問他說：「你的鞋帶為什麼沒綁好呢？」他說：「我不會綁。」我說：「那我教你綁好不好？」於是我蹲下來教他綁鞋帶。我一邊教一邊問他說：「你為什麼不學著綁鞋帶呢？」他說：「我還沒有學。」我說：「那為什麼不學呢？」他又說了一次：「我還沒有學。」我想了半天，終於想出他說話的邏輯了。他的意思是：「我還沒有學，不是不學。」

這小男生對於校園裡的動物如數家珍，他非常清楚總共有幾隻羊、幾隻鵝；也知道哪一隻羊今天生病了、那隻綠頭鴨生了蛋。他對動物有著莫名的熱情。當他知道我家有金剛鸚鵡時，他問：「你家的鸚鵡是什麼鸚鵡？」我說：「是藍腹琉璃金剛鸚鵡。」他說：「那你可以給我一根羽毛嗎？」我說：「要等到鸚鵡換羽毛的時候才能給你呀。」

過了一學期，我忘了這件事情，他又專程到辦公室來找我，說：「你可以給我一根羽毛嗎？」我突然想起他已經等待很久了，我說：「喔！對不起，我忘記了，我明天一定帶來給你。」

第二天，我拿了一根羽毛交給他，他輕輕地摸著羽毛，一邊欣賞著，一邊說：「這一根是飛行羽。」我說：「你說是什麼？」他又說了一遍：「飛行羽。」我發現他除了對動物有莫名的熱情外，還真的有研究，他竟然知道飛行羽。

我很喜歡跟這兩個孩子談話，因為在他們的談話中，可以清楚知道他們思考的邏輯和表達的方式，其中有許多壁壘分明的界限，也有一般孩子沒有的堅持。他們很清楚自己要的是什麼，也有許多特殊的想法。他們很喜歡問問題，而且堅持得到正確答案，如果在我們的回答裡找到可疑的地方，他們就會不斷追問，直到真相大白、直到水落石出。

這兩個小男生確實與眾不同，在學習的每一天裡，他們用自己的方式思考、找答案，用自己的邏輯看世界。雖然，他們必須用更多的時間去探索這世界，但這就是屬於他們自己的速度。這就像大鵬鳥和小麻雀的故事一樣，大鵬展翅需要時間，但當飛向天空時，一飛千里。對於這樣的孩子，需要的是耐心等待，等待他們展翅高飛時的……一飛千里。

出發，是為了回到原點。
重點不在於速度，在於經歷過的曾經。

天生我才

以前當老師的時候，我接手的五年級和一般的班級沒什麼兩樣，功課好的學生群聚在一起，頑皮的、安靜的也都各自擁有小團體。班級事務也按照慣例，都由功課好的孩子來擔任，其中包括幫忙巡管全校各班整潔秩序的糾察隊。

一如往例，小孩換了新老師，有些人會表現特別好、有的人故意挑釁、有靜觀其變的、有依然故我的。但無論是什麼樣的孩子，我相信自己都能夠得心應手，提升班級的整體表現。一個班級裡，總會有一兩個愛告狀的小孩，幾次以後，我發現那個總是被告的男生，一副處變不驚、毫不在乎的樣子，應該是很習慣同學告狀了。

這個班級如我過去的帶班經驗一樣，在一個星期內，我讓全班都開始適應新老師的帶領方式，也同時開始輔導功課較落後的學生。我看著那個被告狀男生的學籍資料，發現他從二年級開始，數學月考從來沒有超過二十分，其他科目也是滿江紅。於是，我決定找他聊聊，聽聽他對於自己表現的看法。

男孩小宇站在我面前，一副等著挨罵的樣子。我坐在辦公桌前面刻意地放鬆，用肢體語言告訴他：不用緊張！

我問他：「你現在五年級了，你最大的願望是什麼？」小宇看著我然後搖搖頭。我說：「那你最想做的事情是什麼？」這時候，小宇的眼睛突然亮起來說：「我最想當糾察隊。」然後又低頭說：「但是不可能。」我問：「為什麼不可能呢？」小宇說：「那是功課好的人才能當的。」我看機不可失，便說：「如果你的數學月考能超過六十分，老師就讓你當糾察隊好不好？」小宇看看我，然後說：「哎呀！那不可能啦！」我說：「一定有可能！我可以幫你！現在只是看你想不想？而且你現在還沒有試試看就說不可能，實在很可惜。如果你試了還是不成功，那也不過是證明了你現在對數學不在行而已。」最後，我說服了他，他願意試試看。

我們開始了搶救數學大作戰，我找時間幫他釐清觀念問題、找題目讓他練習。我跟他說：「你只要聽老師的話去做，一定可以成功的。」小宇剛開始完全沒信心，每次要寫題目時就會看著我。我說：「你寫給老師看，我一看就知道你哪裡出了問題，而且只要我說給你聽，你就一定懂！」

經過幾次的練習後，小宇的數學漸入佳境，寫題目的速度也變快了。當我在黑板上出題目請學生出來答題時，我也請小宇上台，他猶豫了很久，然後才到台上歪歪斜斜地寫下答案。是的！不出所料，他的答案是錯的。同學的反應也是：他怎麼可能會寫對。

這班級氣氛形成已久，對於功課不好的學生總伴隨著這樣質疑的眼光。我說：「誰做題目都有出錯的可能，我認為小宇今天願意上台試試看，就是有勇氣的人，大家應該要給他鼓勵才對。」自從那一天起，同學對小宇的態度開始轉變，他被告狀的次數也明顯少了很多。

搶救數學大作戰的時間大約進行了一個月後，就展開了第一次月考。在考試前，我跟小宇說：「老師看見了你這一個月來非常的努力，無論你月考的分數是多少，我都一定會讓你當糾察隊的，加油吧！」月考成績出爐時，小宇破天荒地考了七十三分，我在公布成績後，立刻讓他當了糾察隊。看著他第一次披上紅色的值星帶、手臂上別著糾察隊的臂章，他笑了。我哭了。我知道，在人生的路上，他將不會輕易地開口說：「不可能的。」

同樣的，在諾瓦小學開辦之初，也有個和小宇情況差不多的男孩轉來，同樣是五年級。他的情況糟到沒有人在乎他，被班上同學排斥，課業跟不上進度，每天都髒兮兮的，說話態度怯懦，似乎什麼都不好。但他是家裡唯一的兒子，母親最愛的兒子。母親為了讓孩子脫離每天上學被鄙視的困境，想盡辦法地讓孩子轉學，只希望她心愛的孩子得到合理的對待。

我們發現他喜歡種植，而且無論種下什麼植物，都能枝葉茂盛，結實纍纍。有一次，他用一個小型飼養箱種植馬鈴薯，也能長出十幾顆馬鈴薯。所以我們都稱呼他為「農業部長」。

他喜歡研究植物，學校也盡量提供他的實驗所需。在種植的那段期間裡，孩子漸漸地找回自信。因為這樣，他開始對其他事物慢慢產生興趣了。例如，他設計的水火箭，經過發射後，又重新計算飛行的距離和火箭尾翼的關係、水的比重等問題。經過幾次修正，他的水火箭終於能飛得又高又遠。

在課程中，他經常得到老師和同儕的讚美，經過一段時間後，他一改邋遢的習性，也開始注意自己的說話態度和表現了。當然，他也發現自己其實沒那麼笨，雖然以前在別的學校，大家都說他很笨，說他什麼都不會。他開始回首從前，並且立志當個優秀的好孩子。

有一回，經過漫長暑假後，開學的第一天，我問他暑假去了哪裡？他說：「安親班。」我問：「那有被安親班的老師處罰嗎？」他說：「我表現很好呀！不會被處罰。」那一年他畢業，站在台上發表畢業感言時說：「我以前不知道自己能夠做什麼，但是現在我知道自己會做什麼，我將來要當一名植物學家，研究所有的植物。」前兩年，他考上了農專，認真地朝著自己的目標前進。

每個孩子來自於不同的家庭，不同的基因，不同的教養方式和生活環境。如果教育只期待孩子考試第一，那麼，「第一」永遠只有一個。這樣的教育，永遠無法看見每個孩子的獨一無二，那個「唯一」。當教育只給小孩一條鋼索的時候，其他小孩要擠上去，當然掉下來；如果能給孩子一個超大舞台，無論哪一個孩子，都可以很平安的在舞台上盡情發揮。

兩個十一歲的男孩，有相似的背景。在台灣的每個角落裡，還存在多少像他們一樣的孩子，在忍受嘲弄的環境下努力生存著？親愛的老師，我們的一句話、一片心，都能幫助孩子重新抱著希望邁向未來，是不是能再給他們一個機會呢？

分離焦慮

有一次，朋友在忙，我負責和她三歲的兒子聊天，那兒子活潑可愛，有問必答而且開心不已。但在我的朋友出現後不久，小孩突然開始哭著說：「媽媽，媽媽，我肚子痛痛。」我的朋友開始想著小孩肚子痛的各種原因，我和朋友說：「你抱抱他，他就會好了。」果不其然，孩子在媽媽的懷抱裡，又恢復了頑皮的樣貌，完全沒有肚子痛的任何跡象。原來，這孩子不得已的與我相處了十幾分鐘，好不容易終於等到媽媽回來，孩子傳遞「媽媽終於回來了」的訊息眼神，媽媽並未接收到，只顧著說著剛才處理的事情，孩子只好演出媽媽一定會有反應的戲碼，才能讓媽媽看見。

很多年前，有個小女孩，每到學校門口，就要上演一場和媽媽生離死別的劇碼。媽媽雖然不捨，但是趕著要上班，只好急急慌慌的將孩子交給老師後，開車離去。在媽媽的車還未轉出巷口時，小女孩已經開心的蹦蹦跳跳和老師一起進教室了。媽媽一進辦公室，就連忙撥了電話到學校。她說：「我一路上都揪著心，看她哭成那樣，我好捨不得，自己也一路掉著眼淚。」我說：「她在你離開後的一分鐘內就停止哭泣了！但我想你應該不能相信小孩戲劇化的驚人演出，我明天架設錄影機，到時候看影片就知道了。」

第二天，我拍下那一場驚天動地、生離死別的劇情，在小女孩聲嘶力竭的哭喊中，媽媽一樣的不斷安慰，直到上班時間緊迫，才憂心忡忡地將孩子交給老師。很戲劇化的是，當媽媽發動車子離開後，老師說：「媽媽已經走啦！」女孩就停止了哭聲，然後望著校門口。接下來，女孩牽著老師的手，開始跟老師聊起天來了。轉變時間大約兩分鐘。我將這一段錄影放給所有的家長看，家長們面面相覷，不知道這戲劇化的表現是小女孩的個人特質，還是普遍現象？我說：「根據學校老師多年來的觀察和統計，這樣戲劇化的轉變是普遍現象。孩子小，情緒變化的波段也短，破涕為笑的時間也在一瞬間就能完成。但聲嘶力竭的哭，絕對是真實的，那是孩子的本能。」

孩子有分離焦慮，是許多母親最難捨的一個問題，看著孩子哭得肝腸寸斷的樣子，任誰都會捨不得。根據我們的觀察，孩子上學時，母親本身散發出捨不得孩子上學、不安，或是母子間的依附關係不穩定，都會強化分離時的焦慮問題。

我記得，曾經有一個母親在送孩子上學時，小孩開心地玩著，母親說：「你一個人在這裡，媽媽要走囉？」小孩看看媽媽後，又繼續玩著，母親不死心，跟孩子說：「你要一個人留在這裡，乖乖聽老師的話，媽媽要走囉！」母親不斷強調孩子要一個人留在這裡的話說了第三次，孩子終於大哭著要跟媽媽回家。有時候，有分離焦慮的是母親，而不是孩子，媽媽的捨不得牽動了孩子的情緒，我們也遇過孩子很快地融入學校的生活，但母親總是含著淚水離開的案例。

許多人都認為，每當分離時，孩子哭鬧就是有分離焦慮，其實不然。當孩子沒睡飽、不舒服或其他因素的時候，孩子也比較容易哭鬧。所以，應該要分辨清楚孩子哭鬧的原因後再做判斷。

我年輕時曾經遇過一個小女孩，她安靜的牽著母親的手來上學，她不哭、不鬧、不說話，但是堅持不進教室，任誰都沒有辦法。她緊緊地牽著母親的手不放，我試了幾次後，女孩終於願意讓我抱著，但只願意我抱著她，其他老師都無法接近女孩。

我和母親談了許久，終於從母親口中了解：在女孩兩歲時，爸爸在她面前自殺死亡，從此以後，女孩幾乎未曾開口。就這樣，母親每天將安靜的她交到我手裡，我就這樣抱著她，緊緊地抱著，一天又一天。

當一個星期過去後，我抱著她約三十分鐘後，牽著她進教室，她竟然願意了，但依舊不哭、不鬧、不說話。就這樣，每天三十分鐘的緊緊抱著，然後進教室，維持了半年的時間。半年的時間裡，我總是自顧自地對她說著話，從來不強迫她回答，她偶爾會點點頭或搖頭。

有一天，我一樣抱著她，輕聲地跟她說說話，突然間，女孩開始放聲大哭，哭得聲嘶力竭、哭得驚天動地。我沒有制止她的哭泣，心疼的只是將她抱得更緊，在她的哭聲裡，我想著她父親墜樓的可怕情景，想著女孩驚恐的眼神。在女孩那一場讓人驚心動魄的大哭後，漸漸地開始願意開口說話，也開始願意跟其他孩子一起玩遊戲了。

有焦慮的孩子常常是因為他們安全感不足或是不信任，所以當孩子有分離焦慮時，接手的人最重要的是必須讓孩子感到安全、得到孩子的信任。牽著手散散步、輕聲細語的跟他們說說話、認真的抱抱他們，都是幫助他們減輕焦慮的好方法。孩子開心的上學，母親也可以減輕牽腸掛肚的負擔，才可以安心地去做自己的事情。

當父母高喊著希望訓練孩子獨立時，是不是回頭問問自己，
是否給孩子割斷臍帶做大人的勇氣了？

小男孩的淚

小男孩三歲的時候進諾瓦。還記得父母約談的那一天，初次見面，寒暄後坐下，我心裡就下了定論：這對夫妻不是冷戰許久，就是已經離婚了……

當然，才剛見面，總不好第一句話就問：「是不是夫妻關係不好？」所以，我開始解釋著面談的用意，以及對孩子的幫助。

幾句話過後，父親似乎嗅出了我探詢的意味。他說：「好啦！明白跟你說，我們已經離婚了！」

小男孩小班時常哭鬧或耍脾氣，母親也因離婚的陰霾未曾稍離而情緒不穩。兩年來，母親的情緒較為平穩，偶有較大的情緒起伏時，老師也能在母親一踏進學校就察覺到，進而及時做輔導和紓解。

透過老師們努力的輔導，小男孩已經上大班了，從常鬧脾氣到現在，變成非常懂事。和母親相依為命的日子裡，他常會幫忙做家事。

一天下午，小男孩哭著跑進辦公室。

我問他怎麼了？他說手不小心被弄到瘀青，他要冰敷。

我問：「是自己不小心，還是別人弄的？」

他說：「是自己不小心跌倒、弄到的！」

我拿了冰敷袋，請他坐下。然後開始了我們的談話。

我說：「你現在讀大班了，我覺得你長大很多！還有，你跟媽媽兩個人住在一起，你也都會幫忙，對不對？」

小男孩點點頭說：「我中班的時候就會幫忙吸地板了！」

我說：「那麼厲害喔！那你媽媽有煮飯嗎？」

小男孩說：「我們吃便當。媽媽有時候上班回來很累……」

我問：「那你和媽媽吃一個便當喔？」

他回答：「有時候我自己吃完一盒滷肉飯。」

我問他：「爸爸有去看你嗎？」

小男孩的眼眶開始紅了起來，「爸爸的工作比較忙……」

我說：「那他有打電話給你嗎？」

小男孩說：「是我自己打給他！」

我說：「你已經會打電話囉？」

他點點頭。

在話題進入父親的時候，看得出來小男孩一直強忍著自己想哭的情緒。

我問：「那爸爸都跟你說些什麼呢？」

他回說：「他問我在學校玩什麼？」

我問：「那你會想爸爸嗎？」

這時，小男孩的眼淚大顆大顆的掉下來。但他馬上又擦去臉上的眼淚說：「有！

但是我只有中班的時候有一次忍不住……現在我都會忍耐，不會用哭的……」

但他的眼淚還是不斷的掉，然後他會倒吸一口氣，想要控制那不聽使喚的眼淚……

我拿張衛生紙幫他擦去淚水，告訴他：「有時候，傷心的時候，哭完就會變得比較不傷心。就像校長媽咪有一次也是傷心，我就坐在床上哭，等我哭完的時候就覺得好多了。所以，有時候，哭是一件好的事情。」

他似懂非懂的點點頭。

我問他：「你知道爸爸媽媽為什麼不要住在一起嗎？」

小男孩說：「不知道！」

我告訴他：「有時候大人也會想不清楚，會吵架……你們班上有沒有小孩會吵架的呢？」

小男孩說：「有啊，但是現在沒有了。」

我說：「因為你們長大了，讀大班了，對嗎？」他點點頭。

我又說：「那你們小孩吵架的時候，老師是不是會把兩個吵架的小孩分開呢？」

男孩再次點點頭。

我接著說：「所以兩個大人一直想不清楚，一直吵架，是不是應該分開一下呢？不然，小孩也會很煩啊……」

男孩說：「但是我爸爸媽媽沒有吵架啊……」

我告訴他：「因為爸爸媽媽怕你害怕，所以會在你沒看見的時候吵啊！」

小男孩好像突然明白的說：「喔，他們是到我看不見的地方吵架……」

我說：「嗯。」

看到小男孩臉上乾了又濕的淚，真是讓人心疼，我只好趕快轉移焦點，關心他的手好些沒有？

等小男孩離開辦公室後，我又開始嘟囔。

結婚沒關係，生小孩就要考慮清楚。大人有自己的工作、生活，但是那麼小的孩子，他們的世界只有父母。不要讓自己的衝動，變成孩子心裡的痛。

當他說「我只有中班的時候有一次忍不住……」時，真是令人心疼。

是誰？讓那麼小的孩子要學習這樣的堅強？是誰？讓這樣小的孩子必須學會，忍住眼淚？

當時，由小梅老師接手母親情緒輔導的後續工作，我則不時關心母子倆的近況。另外，我打電話給父親曉以大義，讓他實踐對兒子的承諾，父親依約出現在學校門口接孩子放學，共進晚餐。

這個問題不單純的只是孩子思念父親的問題。剛開始，母親帶著兒子搬離原住所，其實只是想盡辦法要挽回先生心意的最後出招，由母親的眼神和日後的談話中發現，母親離不開這個男人，她深愛著她的先生。沒想到，搬家卻成就了先生與第三者的結合。在先生尚未踏進二次婚姻時，母親將思念父親的情緒置放在小男孩身上，造成小男孩極度思念父親的假象。

以我的分析，就一般孩子遇到父母分開時的反應，多數孩子在跟爸爸時，思念母親的情緒較為明顯，行為也多會出現偏差。小男孩的表現，其實多半是母親情緒的投射作用。母親也不斷對我和老師們抱怨父親的疏離和漠不關心，期待我們能跳進這場遊戲裡。

但當我和父親談過兩人的婚姻問題後，很清楚確定的是：父親早已為了迎接第三者而無心顧及這段婚姻，更無視於母親希望挽回的強烈暗示。而不斷以孩子為藉口製造連結的母親，終於在得知父親再婚消息時，崩潰大哭。終於，母親認清了再也無法挽回的事實，逐漸開始認真地思考單親生活，孩子也終於獲得解脫，逃出那個被母親設定為婚姻戰爭中前線士兵的角色。

永垂不朽的流浪漢

當孩子小的時候，爸爸媽媽或多或少總會嚇嚇不聽話的小孩，有時候說故事、有時候舉例子，總要把小孩嚇得停止胡作非為。

我小時候，頭好壯壯，大家都叫我小胖妹，天氣熱的時候，整天都是汗流浹背，也因此被剪了短髮，除此之外，還是全身都長滿大粒的痱子。媽媽很怕我曬太陽，尤其中午時間，那時我家門禁森嚴，就怕我又趁她不注意跑出去。但我總會想辦法，每次都是在大太陽底下被媽媽抓了回去。

後來媽媽想了一個方法，她指著天上的雲給我看，她說：「你看，那個雲亮亮的，它會咬人喔！不能跑出去，它會咬你屁股。」從此，有那種亮亮的雲出現時，我都不敢跑出去。但媽媽忘記了那種雲不是天天都會出現，只要天上沒有那種雲，我還是一溜煙兒就不見蹤影。

媽媽沒辦法，只好又找了個更可怕的事情來嚇我。她指著窗戶外面經過的流浪漢給我看，她說：「你看到他手上的麻布袋了嗎？那麻布袋裡裝的是不乖的小孩，他每天中午都會來檢查小孩有沒有睡午覺，如果不睡覺的小孩就會被他抓走。」我到現在對那流浪漢還印象深刻。他一身衣服破舊，皮膚黑亮，還有些小鬍子，頭髮也亂糟糟的，看他手上的麻布袋每次都滿滿的，我腦海裡立刻浮現小孩瑟縮在麻布袋裡的樣子，看起來還真是嚇人。但是，從此以後我乖了嗎？

我的二姊有三個孩子，老三是個男孩，從小個性鮮明有主見。他從來不愛睡午覺，我的二姊也如法炮製了我媽跟我說的流浪漢故事。第一次說的時候，老三嚇得趕緊跑到床上，矇起被子，不一會兒就睡著了。後來陸陸續續說了幾次，都還有效。直到有一天，老三聽完後，沒有任何要去睡午覺的跡象，我二姊說：「你還不快一點兒去睡覺，等一下流浪漢就來了。」老三聽完了以後說：「我不想睡，我想站在這邊看流浪漢長什麼樣子」？

媽媽嚇小孩的故事一籮筐——

媽媽說：如果浪費食物，就會被雷公公打。

媽媽說：如果不乖，狗就會咬你。

媽媽說：虎姑婆會咬小孩的手指頭。

媽媽說：不要指月亮，月亮會割耳朵。

媽媽說：飯碗裡有剩下的飯粒，長大就會嫁給麻子臉。

媽媽說：如果不乖，我就不喜歡你了。

每一家的媽媽都有不同的管教方式，也有不同的嚇小孩的方式。這嚇過以後，等到孩子長大，會不會有後遺症呢？

我的朋友說，小時候他的媽媽都會告誡他要把食物吃完，要不然死掉的時候，還要先把剩下的全部吃掉才會上天堂。我問他說：「那有時候你吃不下了還在吃，是因為這個原因嗎？」他想了一想，說：「應該是吧！我已經不自覺的內化了。」

我想著亮亮的雲和流浪漢，我內化那種恐懼的感覺了嗎？答案應該是的。我長大後一直不喜歡天空中出現那種肥厚的雲朵，尤其當陽光折射在雲端時，心裡總會有一種不舒服的感覺。至於流浪漢，確實影響更久些。

二十幾歲時，我開車和朋友到東部去玩，那蔚藍的海洋和天空真是令人心曠神怡。我們尋覓了風景優美的地方停車，準備下車拍照。正在苦惱沒辦法合照時，又來了一部車，我的朋友說剛好可以請他們幫忙，於是拿著相機走向正準備下車的遊客，我們幾個就定位等著拍照。結果，那些遊客一下車，我嚇得拔腿就跑，直到關上車門時才驚魂甫定。原因是，那幾個遊客跟我印象深刻的流浪漢造型差不多。朋友見狀也快步跑回車上，我踩下油門立刻狂奔而去。直到遠離了，才發現自己心裡住了一個永垂不朽的流浪漢。

媽媽嚇小孩的故事每一家都有，這些令小孩恐懼的故事，也長存在每個人的心裡。長大後回想起來，有些故事變成了和媽媽之間美麗的回憶，有些故事變成了自己內化的行為準則。有好的，也有不好的。但無論是好、是不好，長大後自己能夠回頭看看，自己思考一下，將它變成一個溫馨的回憶就好。

父母如果要制止小孩的胡鬧行為，其實還有許多選項、很多方式。嚇唬孩子，只是一時可以收到效果，就像我二姊的老三說的：「我想站在這邊看流浪漢長什麼樣子。」這戲碼就唱不下去了，而且小孩也有免於恐懼的自由，不是嗎？依我的經驗，我認為最理智、最有效的方式，就是冷靜地對待和溫柔的堅持。冷靜是不動怒，不加入自己的情緒，用理性溫柔的方式，堅持孩子停止胡鬧的行為。通常可以這樣做的父母，很快就可以讓孩子乖乖聽話了。

我的大侄子是父母親眼中的金孫，從小得到家人所有的關愛。小孩哭鬧難免，但我們總會跟他說：「想哭，就哭一下沒關係。」有一回父母親在餐廳宴客，一歲半的大侄子坐在兒童餐椅上，拿著湯匙敲碗被制止，侄子正準備要開始放聲大哭時，我在他耳邊小聲的說：「想哭一下沒關係，但是你看，好多爺爺在這裡，他們會覺得很吵，這樣不禮貌。」侄子立刻收起原來要放聲大哭的預備表情，似懂非懂地看看周遭的大人。

用幾句話讓孩子停止胡鬧的行為，是需要自小開始訓練。我常常鼓勵父母，在孩子襁褓時期就開始理性對話。例如說小嬰兒餓了、尿布濕了都會哭，這時候一邊準備沖牛奶就可以一邊說：「媽媽知道你餓了喔，但是泡牛奶需要時間啊！」從嬰兒時期就養成理性溫柔的對話習慣，被理性溫柔對待的小孩，情緒的穩定度也相對能提高，胡鬧抗爭的機率自然減少。

那是我的

眷村的夏夜，幾乎每一家都會搬椅子坐在外面乘涼，大人們天南地北地聊著。有人下象棋、有人玩撲克牌，小孩們就玩著警察抓小偷、躲貓貓、踢筒缸的遊戲。那對我來說是一幅動畫，隨著時間的流動，人漸漸地散去，吵雜熱鬧的聲音也漸漸變得安靜。我只是安靜的坐在我家搬出來的椅子上看著，看著同伴們的追逐、看著大人們的嘴形變化。我不能離開椅子，我必須守著它們，不能讓別人坐了我的椅子，因為那椅子是「我的」。

「那是我的」，對我來說不是小氣，是尊重。「那是我的」是我很明顯的性格。關於這樣的性格，常會讓我有理說不清。

年輕的時候，曾經為了「那是我的」，在加油站和加油的站員僵持不下，當時我想要加五十元的汽油，油表跳到四十九點九的時候，站員就拔起油槍管，我說：「還沒到五十。」他說：「那差不到一毛錢啦！」我說：「但是還沒到五十。」他說：「這樣你也要計較喔？」我說：「我不是計較，即便是一毛錢，那也是我的。」那站員最後拿我沒辦法，只好乖乖讓油表跳到五十整。我可以給他多一些錢，但油表中差的那一毛，那是我的。

有一回，我和朋友去露營，晚上山裡氣溫低，我燒著熱水泡茶給大家喝。那時用我的露營餐具當茶杯，大家喝完就躲進帳篷裡睡覺去了。天亮要拔營時，我怎麼也找不到餐具上面的蓋子，最後因為時間的關係，只好放棄尋找。回家後，朋友說：「沒關係，我明天買一組還給你。」我說：「我不要！我是要找我的蓋子。」朋友說：「我知道你那一組餐具的牌子，我買一模一樣的還給你。」我說：「我不要一組新的，我要我原來的蓋子。」朋友以為我擔心她浪費錢，所以只要蓋子，又說：「好啦！那我買的那一組我也可以用，我只把蓋子給你。」我覺得她根本不了解我在說什麼。我說：「算了啦！我放棄。因為我不是要新的，我是要『我的』」。

有理說不清的事情不只一樁。有一回，我的同事問說：「你介意小鵝不是我們的鵝生的嗎？」我一時間弄不清楚這是什麼問題，細問之下才知道，原來我們的大白鵝生了很多蛋，但是鵝媽媽從來沒有孵出小鵝。於是，我把鵝蛋送去給代客孵蛋的阿美阿姨，希望能孵出小鵝來。當小鵝孵出來了以後，阿美阿姨說：「一隻小鵝很容易會養死！」於是她把自己已經養了二十幾天的小鵝跟我們交換。

我聽完以後真是怒不可遏，拿起電話打給阿美阿姨。我說：「你為什麼要跟我換鵝，我要我的小鵝，我不要你的小鵝。」阿美阿姨說：「啊你的小鵝一隻會養死啦！我擔心你會養死，才跟你交換的呀！」我說：「那是我們自己的鵝，就像你自己的小孩一樣，你會拿你自己的小孩跟別人交換嗎？我要的是我的鵝，我不要你的鵝。」阿美阿姨說：「哎呀！好啦！我知道了啦！但是你的鵝，我養了十幾天也跟別人交換了，找不回來了啦！」所以現在那隻有灰色翅膀的鵝，牠的名字叫做「養子鵝」，因為那不是我的。

「那是我的」應該是要被尊重的個人主權。在學校裡，我有兩座菜棚，我很喜歡種菜，我種的有機蔬菜超級大棵、甜美多汁。除了供應學校所需外，還開放讓大家來自由領取，每次都能帶給大家幸福的感覺。

每到冬天葉菜種類多時，菜棚裡綠意盎然，但因為越來越多的忙碌，我常常會種完以後，就沒時間照顧我的菜而任其自由發展。有一回，我想起菜苗種下去應該已經長大了，就趁空到菜園去。哇！所有的菜都不見了，我真是氣炸了！一路氣著回到辦公室。學校同事說：「應該是管理動植物的叔叔看你都沒有時間，才把菜都拔起來了。」我說：「那是我的菜，要拔也要跟我說一聲，為什麼不說，就拔了我的菜？那是我的！那是我的！」從此以後，那個叔叔被告誡「不准接近菜園」。

我知道「那是我的」，不容易表達清楚，許多人也無法理解。我的同事說：「以前想不通你這樣慷慨大方的人，為什麼要和人計較那一點點兒。現在明白了，你不在乎那些東西，在乎的是『那是你的』。」當大家終於理解後，這樣的事情、這樣的在乎，似乎好了許多。

所以，當小孩生氣的說：「那是我的」，大人千萬不要說：「沒關係呀！跟別人一起分享是快樂的，不需要那麼生氣。」小孩的問題，不在於不懂分享的快樂，只是要別人尊重他「那是我的」。重點放錯了，堅持「那是我的」的孩子，應該是有口難言，真是有理說不清了。

「那是我的」不是不懂得分享、不願意分享，不是小氣、不是計較；「那是我的」，就只是單純的「那是我的」而已。

傾聽孩子的聲音，是用「心」聽。
用心傾聽，才能聽到最真實的心聲。

他要的只是愛

剛轉進學校二年級的男孩，自理能力極差，經常找不到自己的東西，整個課桌椅和工作櫃裡一團亂。媽媽幾乎每天都打電話來，提醒孩子將雨傘、外套帶回家之類的事情；甚至氣溫變化，也要老師幫忙孩子穿脫衣服。經過一個月的觀察期，發現男孩常暴力相向或捉弄同學，甚至偷拿別人的東西。最特別的是，當他闖禍後，會閉著眼睛哭得聲嘶力竭，不願意面對；而且很善於察言觀色，如果發現有機會，就會偷偷地做一些讓人無法容忍的事情。老師每天都必須用許多時間來處理這男孩的偏差行為，還要應付孩子母親隨時交代的事情。

觀察期過去了，我和老師們針對男孩所有的表現做了初步分析，每當面對這樣行為偏差的孩子時，我們都很清楚問題的根本源自於家庭，是家庭問題所產生的問題兒童。接下來，我們安排時間和父母面談，但過程中，母親一再強調父親不必出席，因為所有的事情都是她自己一手包辦，父親根本不太瞭解孩子的狀況。最後，經過我的強力要求，夫妻才同意了兩人一起參與面談。

在夫妻面談時，我發現父親的行為談吐都像極了一個未長大的小男孩，嘻嘻哈哈的態度不斷遭母親制止。母親是個善於表達的人，所有的提問她都可以鉅細靡遺地說上好一段。母親在敘述中不斷提到她坎坷的童年和現在所背負的責任，也不斷地抱怨著先生和兒子加重了她的負擔，讓她身心俱疲。

母親自小被一對年紀較大、無法生育的夫妻領養。隔了幾年，養父母又收養了一個男孩。從此以後，母親開始負責照顧那小她二歲的弟弟。收養的弟弟非常頑皮，經常闖禍，但弟弟只要闖禍，養母就會連她一起處罰，怪她沒將弟弟帶好。直到現在，弟弟已經三十多歲了，終日不務正業、遊手好閒，欠下一屁股債務。只要討債人找上門，養母依舊會要求母親替弟弟還債，母親雖有抱怨，但也從未拒絕過。

照顧者的人格特質讓她選擇嫁給一個需要照顧的男人，剛開始的恩愛是因為兩個人的角色配合得天衣無縫，而這男人習慣被照顧後，隨著時間的累積，自理能力越來越差，母親雖然忙碌，卻也樂在其中。這樣天衣無縫的互動模式隨著兩個孩子的相繼出生，母親必須照顧的責任越扛越多，也越顯得吃力。

第一個女孩出生後，父親除了自理能力的退化外，並沒有明顯的改變，但自從第二個孩子出生後，父親變得暴躁易怒。母親在敘述時，也很清楚地表示父親和自己的兒子在爭風吃醋，經常藉故捉弄兒子，也常找理由痛毆兒子一頓。聽到這兒，不難發現兒子在學校的行為表現和父親如出一轍。除了父親不成熟的個性外，他們家庭之間的互動模式也讓孩子的偏差行為無法根治。

通常，我在與父母談話中，可以抽絲剝繭找出其中的因果關係。而最後改變的契機，掌握在家庭成員的手中，但最重要的關鍵人物就是母親。在這個家庭中，無論是誰想要做些什麼事情，母親總會不斷想盡辦法散發「你不行、你不會」的訊息，進而讓自己安穩的擁有照顧者的角色。隨著時間的累積，試圖振作的意圖都被阻擋，只好讓自己符合母親不斷塑造的無能角色。

兒子除了接受無自理能力的角色外，也模仿了父親的所有行為。我想著八歲的男孩，在這樣的家庭裡繼續生存著，究竟該如何面對未來的人生呢？我要求不要再使用暴力，卻發現孩子習慣了暴力，男孩會想盡辦法到最後終於讓母親抓狂，而母親最後也會忍無可忍、終於跳回那個他們都習慣的暴力模式。然後男孩就會乖了。直到過一陣子，家庭壓力再度出現時，男孩又開始偏差，母親又再度抓狂，一遍又一遍，無法解除既定的結構模式。

我和老師們用過許多方法，都敗在母子的惡性循環裡。最後，母親甚至希望把孩子送出去，因為她知道自己陷入那循環裡無法自拔。母親說她痛恨男孩像極了他的爸，無論是長相或是行為。所以，母親在不自覺當中，不斷的苛責孩子，甚至慣性的使用暴力。而當孩子表現出跟母親黏膩時，又會遭到父親找藉口修理。男孩在這樣的家庭中漸漸長大，行為偏差的強度日增。

對於這孩子，我們未曾放棄的想盡辦法要破解家庭偏頗的互動模式，但因為母親根深柢固的個性和父親扮演無能角色的淋漓盡致，我們幾乎已經無計可施。突然有一天，母親打了電話來，說要讓孩子轉學了，只說了要遷去大陸陪爸爸。我問說：「事出突然，是不是有其他原因呢？」母親在我追問之下，才說爸爸在那邊闖了禍，她必須立刻去處理。原來，父親在那兒不甘寂寞交了女朋友，而且懷孕了。對方要求高額的撫養金，父親沒有能力解決。

我問母親說：「爸爸什麼事情都依賴著你，他交了女朋友，你不知情嗎？」母親說：「當初是因為爸爸說有需求又不能解決，才答應他去找其他女孩的。」她還說：「我有交待爸爸要小心，不能讓對方懷孕呀！哎呀！他就是這樣，做事情都不能讓人放心，他沒有我，不行啦！所以，我現在要過去陪他、照顧他，不然他還不知道會闖什麼禍呢！」

我聽完母親的敘述後，覺得這個母親已經病入膏肓而不自覺了，可憐的孩子該怎麼辦呢？男孩和父親一樣，不斷闖禍、不斷胡鬧，其實最原始的動機就在於確認和母親之間感情的聯繫，母親以不斷地處理父子倆闖的禍來成就自己照顧者的角色。正處青春期的姐姐，也在她的同儕裡開始模仿母親照顧者的角色。他們的家庭成員在這樣的共生系統中，滿足自己需求的愛和關懷。

這樣的模式，就像一齣荒謬的舞台劇，演員們賣力的演出，將整個戲劇張力表現得淋漓盡致。即便生活中事實存在的許多問題，那產生的問題也是他們接續下去的動力。除非有一天，其中的角色痛醒了、放棄了，而退出角色。否則，他們掛在嘴邊的煩惱或無助，其實都只是單純的陳述而已，就像電影的宣傳海報一樣，觀眾知道了劇情，卻無法更改既定的劇本。

隨著母親將孩子轉學後，我們還是持續與母親聯絡，想要知道孩子的近況。母親總是說：「他現在都很乖，沒有任何問題了……」以過去的經驗看來，這是個謊言。我們猜想原因，應該是我們這群觀眾要求改劇本的強度，讓她無法抗拒卻也不想改變，所以選擇離開，以便繼續他們的家庭劇碼。無辜男孩的行為表現，最原始的動機，單純的只是渴望父母的「愛」；而想要獲得父母的愛，就必須透過這樣無止盡的哭鬧、闖禍、無能來換取。這樣無法改變的家庭，成員都深陷其中無法自拔，關鍵點應該是在於他們擔心一旦改變了，就會失去了他們渴望的「愛」和存在感。我們只能祝福著，期待有一天，其中一個成員變得勇敢，能有勇氣割斷臍帶當大人。

請叫我阿姨

我和老朋友聊天時，她說：「當初你說，我和孩子的相處，不是自然的親子互動，經過七年的時間，我終於能體會了。」話說完後，她開始啜泣著。

關於她的故事是這樣的：她在家裡排行老五，九歲的時候母親過世，隔年，父親娶了後媽，家裡的所有長輩都說後媽是為了照顧她而娶的。朋友回憶起這段往事時，眼淚不斷。她說她的親生母親還在世的時候，或許因為自己是老么的關係，或許是哥哥姐姐的年紀比她大很多，所以母親非常的縱容她，每天就像個小男生一樣爬上爬下、調皮搗蛋。

後媽進入她家的時後，還帶了一個比她小一歲的弟弟。在許多長輩之間，後媽擔心親戚鄰里之間的流言，對她呵護備至：衣服要隨時保持整潔、頭髮隨時都梳得整整齊齊，行為表現都被要求成一個端莊的小淑女。大人們總是不斷地提醒她，要聽後媽的話，因為是為她而娶進門的。後媽也因為擔心流言，對她的照顧無微不至，但總顯得很刻意。

朋友說：「因為第二個媽媽來是有責任的，她覺得自己有責任，不能把這個孩子帶壞，後媽只是為了給家人一個交待。我爸爸說是因為我的關係，必須有人來照顧我，所以他才『必須』娶她，但其實我的哥哥和姊姊並不認同。我爸是一個不懂愛小孩的爸爸，因為他自己就是一個小孩。」

她接著說：「我繼母教我們跪在地上擦地板，擦完之後她會去檢查，那反光會看到有髒，就會要求重新再擦一遍，她總是嚴格執行每一件事情。我對繼母不敢耍賴、不敢撒嬌，只是乖乖地聽命行事。」

朋友歷經了結婚、生子。離婚後，她帶著兩個女兒成了單親媽媽。在暫時分居協調離婚時，我常聽著她打電話給女兒，她與女兒的對話總是缺少了一種自然的感覺。

她在每天的電話裡都會說：「女兒，今天還好嗎？……神會保佑你……祝你有個好夢……。」我問她：「為什麼從來不喊女兒的名字而是用『女兒』來代替？」

離婚後，她獨立負擔起教養孩子時，才發現許多問題。每當孩子需要買一些東西的時候，她會說：「請你跟你的爸爸說，這是他該負責的。」有一天，孩子的爸爸買了新的腳踏車，女孩開心地騎著。經過一段時間後，孩子跟媽媽說腳踏車壞了，朋友竟然回應孩子說：「那是你爸買給你的，請他修理，那不關我的事情。」

朋友跟孩子之間的對話常常讓我覺得冷漠無情，我說：「孩子跟你住，雖然腳踏車是爸爸買的，但是腳踏車壞了，是孩子遇到的問題，為什麼你不幫自己的孩子解決問題呢？為什麼你可以無視於自己的孩子求助呢？」

我說：「在你的成長背景裡，你和後媽的互動，因為背負了許多人的眼光和期盼，所以兩人之間的行為顯得很刻意。而你學習到的是刻意的互動方式，所以，在對待自己的親生孩子時，也顯得很不自然。甚至有時候表現是自私的、冷漠的。」

有一回，我們一起去露營，我發現無論是搭帳篷或是準備晚餐，兩個女兒都不會主動幫忙，只顧著自己的東西，也會因為要放自己的東西而將其他人的東西移開，很多行為都是保護自己的一切，但對周遭的人表現得很冷漠。

我跟朋友談論著孩子這樣的行為，朋友說：「我有教她們，但她們就是表現得很自私，在家裡也是這樣，好像都不關她們的事情。」我說：「這不是個性使然，這是你們學習的結果。你和後媽的相處一直攤在眾人檢視的眼光下，久而久之，誰都會為了避免落人口實而學會保護自己。但是，現在你們母女三人的相處並不需要這樣，三個人應該要更互相關心、互相幫忙才對呀。」我也提醒她，孩子的行為完全是模仿學習而來的。

在母女三人都有著「不關我的事」的習慣時，生活在一起常常會有衝突，在做家事時，有分工卻缺少了合作，當衝突產生，媽媽犀利而冷漠的言詞，也讓人聽得很傷心。在腳踏車事件中，我和母女三人討論，我問孩子：「媽媽說不關她的事時，你會傷心她不幫忙嗎？」女孩點點頭。於是，我和孩子們一起回顧了母親的童年。我說：「你的媽媽是阿姨帶大的，她養育小孩只學會了阿姨對待她的方式，她也不知道其他的方式是什麼？」我說：「下次如果你覺得媽媽很冷漠讓你傷心時，你就提醒她，你是我的媽媽，不是阿姨。」我也回頭對朋友說：「三個人一起互相提醒，才能夠很快地減少類似的事件發生。」母女三人都同意了我提議的練習方法。

經過這些年的時間，我的朋友非常認真努力的檢視童年生活對她的影響，她大量閱讀關於家庭治療的書，不斷地改變自己心態和說話方式，也學習了如何對待自己的孩子。二個女兒同時開始改變，姐妹會互相幫忙，在媽媽下班前，姐姐也會將晚餐準備好。假日時，母女三人一起種花、一起打掃家裡、一起說說笑笑，分享著每天的心得。三個人的互動開始變得親密且自然。

大女兒去年順利地考上台大，離開家去住校了。母女經常性的互動只能靠電話聯繫。朋友說：她在和女兒的電話談話中，只能反覆地說：「你吃飽了嗎？衣服夠不夠？最近還好嗎？」除了這些叮嚀以外，她想不出來還能跟孩子說些什麼？說到這兒，她又開始傷心了起來。她說：「我和阿姨之間，也只有這樣的叮嚀。」

我跟她說：「沒關係啦！女兒會懂的，母女連心，有時候不需要靠語言就能溝通的。」我還舉了自己初次離家到嘉義念書第一天的例子。我說：「我第一次離開家這麼遠，到了晚上，就在宿舍的公用電話前排隊，那時候沒有手機，只能靠那唯一的公用電話。我排了好久終於輪到我了，滿心期待地撥通家裡的電話，那頭傳來父親熟悉的聲音，他說：「喂——」我說：「爸——」短短的一秒鐘，我聽到父親的聲音就開始想家了，淚水開始湧出。他說：「喔！都好吧？」我說：「好。」我的眼淚還來不及掉下來，就聽到父親說：「沒事就好。」然後他就掛了我的電話。我說：「我知道不說再見是父親的習慣，我知道他的擔心和關心不是用語言，我知道他。就像你的女兒知道，你的愛、你的關心。不需要刻意的話題，不需要特別的作為，因為親子之間的關愛，是自然存在的。」

朋友聽完我和父親的電話內容後，一邊擦著眼淚，一邊笑著說：「我懂了。」

親密關係。親密。關係。親密是關係的安全帶。

孩子的有恃無恐

還記得有一天下午，一位口齒清晰的母親打電話到學校來，說她的孩子四年級了，想轉學。我問孩子原來就讀哪個學校？轉學的原因是什麼？母親說他有些暴力的問題，又強調說確實是有些小問題。我對母親說：「連媽媽都覺得有問題了，那肯定不是個小問題。」於是，約了面談時間，並且特別強調要全家一起來面談。

一家三口準時到了學校，父親和母親中間坐著個頭不小的男孩，一臉怒氣地看著我。面談開始前，我總喜歡觀察一家人的互動，在就定位前是如何分配座位？是誰發號施令？眼神的交流和短短的幾句話。

我重新提問轉學的原因，母親首先說話。她說：「孩子在公立學校時，因為常被同學欺負，他為了捍衛自己，所以變成了喜歡以老大自居，會先動手欺負同學。老師不想處理，所以想盡辦法要他們轉學。想來想去，只能轉進台灣最自由的學校，但住校一個星期後，校長竟然請我們帶孩子去看精神科。我在無處求援之下，查遍台灣的學校，才發現諾瓦離我們不遠，所以打電話來問問看。」

我聽著母親的敘述，看著男孩的表情變化，約莫知道個大概了。所以，我要求孩子離開談話現場。這時候，開始了一場誰是老大的戰爭。

男孩生氣的說：「我不要。」

我說：「如果你不離開，那我和父母到別處去談，你一個人待在這兒。」

男孩說：「我不准。」

我加強口氣說：「沒有你准不准的問題，二選一。」

這時候，父母都急了，開始想盡辦法勸說孩子離開，我看著這一家人的互動模式，發現這男孩在家裡的地位是老大，父母只能柔性勸導，就等著看男孩會不會點頭答應。男孩的態度趾高氣昂，完全不理會父母的好言相勸。

這時候，我開口對男孩說：「請你離開我的地方。」

男孩依舊回答說：「我不要。」

我的態度開始強硬了起來。我說：「好，你選擇不要。」話說完，我便起身請父母跟我一起離開。

通常這時候，學齡前的孩子大多以胡鬧的方式阻止父母離開，我想見見這十歲的男孩會有什麼反應？出乎我意料的，男孩竟然也開始胡鬧，當父親溫柔地制止時，男孩用手指用力地戳向父親的臉頰。我靜靜地看著男孩的胡鬧，也觀察著父親的反應。父親竟然毫無惱色且輕聲細語的說：「爸爸已經說過了，不要這樣弄爸爸，這樣會被蘇校長笑。」聽到父親與兒子的對話，我真是訝異極了，這個家庭的教養方式大有問題，難怪孩子一副唯我獨尊的態度。

我問父親說：「孩子用手戳你的臉，你不生氣嗎？為什麼沒有表現出生氣的樣子呢？」

看來，這場戰爭必須由我來處理善後了。

我命令著男孩說：「出去！現在就出去！」

男孩反抗著說：「為什麼你說要我出去，我就要出去？」

我說：「你還搞不清楚，這是我的地盤，我是老大，我說了算！」

男孩說：「有什麼了不起？」

我說：「沒什麼了不起，你就是現在立刻出去。」我用銳利的眼神傳遞著「你非出去不可」的訊息。

男孩接收到我下定決心的眼神了。他站起來說：「出去就出去，有什麼了不起？」然後離開了會談現場。

正當我要開始繼續話題時，我看見男孩站在窗口惡狠狠地瞪著我。

我抬起頭，提高聲調說：「走開，我不想看到你。」同時，也目不轉睛惡狠狠地直視著男孩。

男孩不情願地轉過頭去，還不忘翻了白眼。

這一場動物訊息大戰，我勝利了。從此，我是老大，他知道必須服從我的命令。

很多時候，動物性較強的孩子會挑戰一些權威的事情。穿插個小故事，有一個五歲的小男孩，他準備來拿餅乾吃，我問他洗手了嗎？他回說洗了。但我很確定他剛放下足球就跑過來的。我說：「你沒有洗手，快去洗。」男孩說：「為什麼要洗手？」我說：「你知道為什麼要洗手，所以我不告訴你。」男孩停了一會兒，接著說：「為什麼你說要洗手就要洗手？你以為你是老大啊？」我假裝驚訝地說：「哇！你不知道我是老大喔？我說不准你吃餅乾，你就沒有餅乾吃；而且我說你不能玩我的球，你就沒有球可以玩。」男孩想了想，就轉身去洗手了。回頭來拿餅乾時，又是一副乖巧的樣貌，因為他確定了誰是「領袖」，是動物群體中的領導者。

面談完畢後，我發現這家庭的模式從開始的錯誤一直累積至孩子十歲。父母的婚姻關係一直處於緊張狀態，當有了孩子後，兩人為了避免面對彼此的問題，轉而將重心和眼光全放在孩子身上。孩子打從出生後，一直跟父母睡在一起，直到三個人擠不下那張標準的雙人床，出局的竟然是爸爸，而母親繼續跟身高近一百六十公分的男孩睡在一起。除了父母極盡寵溺之外，家裡還有一個呵護備至的奶奶，更是讓孩子有如登上皇帝般的寶座，難怪在外也想要稱霸武林。誰不聽他的話，他就以拳頭相向，甚至對老師也不例外。

父母和奶奶搶著幫男孩做盡所有事情，男孩只需要茶來伸手，飯來張口。更讓人覺得離譜的是，三個大人除了任勞任怨以外，還不斷地想盡方法討好他。孩子不寫作業也由著他，完全的放任。只要不想上學，父母就會幫他請假，幾乎所有的事情都只有看孩子的意願行事。

雖然教養的方式令人咋舌，但父母的理智依然清楚地知道，他們的孩子行為偏差得嚴重。當時，我不能確定的是：他們是真心希望扭轉這越來越偏離正軌的教養結果，或只是想找個容得下孩子的學校。

我對父母說：「經過剛才的老大之爭，等一下在回家的路上，孩子就會說他不要轉來這個學校。如果你們希望孩子能夠轉變，回歸到你們期望的樣貌，那麼，請堅持父母的立場。我確定能將孩子教好。」

許多事情不能解決，是因為沒有看清楚問題的根源所在。孩子教不好，盲點也都在父母的心中。這一對父母對孩子的期望是理智的，但聽他們娓娓道來的時候，就可以發現在對待孩子時，兩人絲毫沒有理智可言。就像開場時母親所說的，孩子是因為捍衛自己而打人，卻沒發現自己的孩子身材高頭大馬以及霸道的眼神口氣，應該不至於淪為被欺負的對象，還幫著孩子找合理的解釋。於是，孩子犯了任何錯都不必擔心，因為父母總能替他合理化。

離開之後，母親發現我所交待的事情真的發生了，於是在半信半疑的情況下送孩子來上學，而男孩經過了面談時的一場領袖戰爭後，一直到畢業，從來未曾動手打過同學。不過，在唯我獨尊的習慣下，還是小錯不斷，例如不肯讓座、袖手旁觀等。

一個家庭的習慣模式確實難改，總在不經意時又會掉回原來的模式裡。班級導師接手這個孩子後，經常與父母晤談孩子的狀況，傳遞著正確的教養方式。只是，兩年的觀護期，能不能改變行之多年的家庭模式呢？

透過老師持續的關心，知道男孩在離開小學後，國中許多的制式規定和強調課業的模式，讓他經歷了一段自我放棄的時間。所幸，他遇見了一個能理解他的班導師，在國小與國中的兩位導師和母親的共同協助及開導之下，他回到學校重拾課本，發憤圖強，想當上一流的廚師。現在，在家裡常常料理許多名菜，嘗試各種食材。幾個月前見到他，已經是個彬彬有禮的靦腆少年了。

自由的國度裡有一條隱形的線，叫做尊重。

慣性受害者

「都是他害的啦」，我們對這句話習以為常，也沒有深究這句話背後的心態。常常就立刻轉向，尋找害人的元兇。卻不知在這不經意的行為中，養成了慣性受害者。

諾瓦的孩子在校園裡會用單車代步，為了安全起見，我們對於騎腳踏車訂了一些規範，並且需要通過筆試和路考拿到駕照後才能上路。騎乘規約裡載明了要戴安全帽、沒駕照的有試騎範圍，還有騎乘速度、騎左邊或右邊的規範等。

孩子質疑其中一條規定：不小心出了車禍，三天不能騎車。一個孩子問：「為什麼會這樣規定呢？」

我說：「因為騎車不小心會影響到別人的安全呀！」

那孩子問：「如果是被別人撞的呢？」

我說：「只要是出車禍都一樣呀！三天不能騎車！」

那孩子繼續問說：「為什麼？被撞的是受害者耶！為什麼受害者也要被處罰？」

我說：「受害者應該要注意避免被人家撞呀！腳踏車的速度不快，騎的時候應該注意安全，該注意而沒有注意，是不是應該要被處罰呢？還有，如果真的會騎車，應該也要有化險為夷的能力。」

規範至今，校園單車的車禍率是零，也沒有發生受害者的問題。

有一天，在幼兒園看孩子們踢足球，幾個小男生踢的正起勁兒，其中一個孩子因為接球時沒接好，球彈跳起來，他發了脾氣，老師上前關心時，他說：「都是他害我的！」老師問：「是誰沒有接到球？」小孩想了想說：「是他害我沒有接到球！」老師又重覆一遍：「是誰沒有接到球？」小孩回答：「是我沒有接到球。」老師繼續問說：「是自己沒有把球接好，有人害你嗎？」小孩沉默不語。

當孩子習慣性的說「都是他害的」，父母可以先自我檢視一番，這樣的習性是模仿，還是因為教養的方式所產生的。正如當前一位法師回答母親教養的困擾時說：「如果影印出來的文件有錯誤，你會改正本還是影本？」這說明了父母的行為模式和教養方式才是問題的根源。正本清源，才能杜絕問題的產生。

如果孩子經常表現慣性受害者的行為時，父母必須清楚的說明孩子應負的責任，而不是一昧的檢討別人的錯。即便是自己只佔百分之一的錯，也無需花費時間力氣撻伐對方，而是幫助孩子靜下心來檢視自己那一分的錯誤，並且告訴孩子，我們自己反省了那一分的錯，就是我們又進步了一分。在每次的事件裡，都可以幫助自己進步，就會成為越來越棒的人。利用孩子的「利己性」來養成反省的好習慣，必然比諄諄訓誨來的有效。

一旦習慣了受害者的角色，相對會養成不負責任的習慣。因為在慣性受害者的眼裡，錯誤在他人，需要被撻伐、需要改進的也是他人時，也很難會同時反省自己在事件裡所應該負的責任了。「都是他害的，害我……」，當我們聽到孩子說這句話的時候，應該要先思考一下，避免落入同情弱者的慣性，釐清事情的責任後，才能教育孩子分辨清楚自己該有的責任和承擔。

現在的社會裡，把事件過錯推諉在其他人身上的例子屢見不鮮，無論是政治、社會、家庭、朋友之間，出現交相指責的情況，這是在教育的過程中，在同情弱者的人之常情下，所不經意培養出來的慣性受害者心態造成的。如果每個人都能夠以凡事反求諸己、嚴以律己、寬以待人的道理行事，在生活當中就可以減少許多交相指責的情況了。

我想起大姐的兒子小時候跌倒，放聲大哭的時候，我們安慰他時都說：「你走路不小心喔？撞到土地公公了，對不對？」孩子邊哭邊點頭，我們說：「你自己走路不小心，還撞到了土地公公，你要跟土地公公說對不起！」孩子一邊擦著眼淚，一邊點頭說：「土地公公，對不起！」當孩子說完對不起的時候，我們也會給他機會教育，知道下次走路時要自己注意和小心。

同樣的跌倒事件，我常聽見有些媽媽跟孩子說：「沒關係！不要哭！媽媽打它，都害你跌倒了，」然後還一邊拍打著地板。這母親的行為已經示範了如何會養出孩子習慣當個受害者了。

如果想要培養出一個負責任的孩子，在孩子犯錯的時候，在孩子說「都是他害的」這句話時，就要導正孩子的說法和心態，讓孩子學會如何在自己的行為裡看見錯誤，看得見錯誤才會有修正的機會，也才能讓孩子成為一個有能力擔當責任的人。

我到底該不該介入？

有一次，我在基隆廟口享受美食，隔壁桌是一對母女，小孩約莫三歲。才吃一會兒，就聽到小孩的哭聲，我本能的轉過頭，看看發生了什麼事情。媽媽不斷催促小孩快一點兒吃，催促的音量越來越高、越來越急，小孩嘴裡含著食物，一邊哭一邊說：「我想要尿尿！」媽媽越來越大聲地說：「吃完再尿！」然後端起碗，用湯匙繼續地把食物塞進小孩的嘴裡，還一邊咒罵著：「不准哭！快吃！」小孩也越哭越大聲，嘴裡的食物也跟著掉到衣服上。媽媽就這樣持續幾分鐘不斷的怒罵，小孩也不斷地哭說：「我想要尿尿！」

我覺得那個媽媽實在是不通情理。於是跟母親說：「小孩想上廁所，就先帶她去嘛！」沒想到母親惱羞成怒，回頭就給了小孩重重的一巴掌，並大叫：「吞下去！」女孩被打了一巴掌，更是哭得無法控制。我看見這樣的場景著實嚇了一大跳，我有些生氣的跟母親說：「你有沒有聽見你的孩子說想要去廁所？你尿急的時候吃得下嗎？為什麼不讓她先去廁所？為什麼你要打她？」那母親氣急敗壞地站起來，瞪大了眼睛對我說：「關你什麼事？」我當下完全無法回應，也開始想著，是不是自己多管閒事害小孩被打。

這些年來，我一直無法忘記小女孩被打的事情，我反覆地推演著各種可能。如果我當時不要說話，女孩最後尿了褲子，會不會被打？如果當時我換句話說：「需要我幫忙嗎？要不要我先帶她去廁所？」媽媽會不會因而正視小孩想去廁所這件事情？如果……無論我想了再多的可能性，我還是為了那一巴掌而自責。

經過了這一件事情後，每次出門看見類似的事件時，我都不敢貿然地開口，只是默默地在一邊持續關心，直到事件落幕。有時候，看見父母兇狠的修理小孩時，我只是加緊腳步的快速離開，我相信在父母最後失去理智時介入，受傷害的應該是小孩。

但每次的離開，總讓我心情低落不已。

我想起當年自己剛進入公立小學任教時，那一班二年級的學生。其中有個男孩來上學時，眼睛黑了一圈，我問了半天，男孩一直緊閉雙唇就是不說。最後沒辦法，只好打電話問他的媽媽，媽媽遲疑了半天後說：「是他自己跌倒撞到櫃子的。」我直覺不對勁兒，但苦於無法查證。

第二天，發現男孩的頭又腫了一大塊，我問說：「你的頭又怎麼了？」男孩依舊不說。於是，我牽著男孩的手，走到人比較少的廊下，蹲在他面前說：「你被打了是不是？老師可以保護你，你告訴我是誰打你的，老師一定會處理，讓你以後不會被打。」男孩看著我，眼淚掉了下來說：「是媽媽打的。」

看著男孩身上不斷出現的傷，我一直不能理解，天下竟然有這樣心狠手辣的媽媽，我決定將整件事情弄清楚，幫助男孩脫離這樣恐懼的日子。我找了男孩的父親談話，才知道男孩是前妻生的孩子，現在的妻子生了一個女孩，或許是因為帶孩子而心情鬱悶，父親允諾會注意男孩被打的事情。

沒隔多久，男孩的頭上又腫了一塊，我問了男孩，證實了又是媽媽打的。於是在中午放學時間，我在校門口等著來接男孩的媽媽，準備問個清楚。

十二點多，我終於看見母親揹著小女娃到校門口。我對媽媽說：「男孩上學時，身上常常有傷，他說你打他，是不是這樣呢？」

那媽媽一開口就怒氣沖天，「他真的很不聽話，爸爸說每天可以看半個小時的電視節目，我規定他坐在電視前面，他就不要看，還一直動，一點也不專心。」我說：「他不想看電視，為什麼你要規定他看呢？」

媽媽回答：「是爸爸說要給他看電視的呀！」

我說：「所以他不看電視，你就揍他，而且下手這麼重？」

媽媽說：「這是我們家教育小孩的方式！而且他就是不乖呀！」

當時年輕的我沒有辦法跟她說道理，也沒有智慧能曉以大義，只是一股腦兒的覺得這媽媽根本不愛孩子，我心裡很生氣，卻不知道該如何處理。當媽媽要帶孩子回家時，卻發現男孩不見了！我也著急地跟著到處找，尋遍了校園就是不見男孩蹤影。最後，我研判應該是他看見我和媽媽說話，不知道會有什麼後果而害怕得躲起來了。

我想著所有可能藏身的地方，最後在廁所裡找到他。他將自己鎖在廁所裡，我趴在廁所地上一間間的檢查，還好廁所門的下面有一條細縫，我看見了他的鞋子。但任憑我如何叫他，他都不願意開門，直到我爬上廁所的隔間牆，才讓他出來。我牽著男孩走向他的媽媽，男孩不斷地發抖。在那短短的時間裡，我感覺到自己的生氣，也察覺了媽媽蓄勢待發的憤怒。

媽媽一見到男孩就大聲斥喝著：「你躲到哪裡去了？害我等那麼久！回家你就給我試試看！」我聽到媽媽大聲吼著，本能的將男孩牽到我的身後，然後跟媽媽說：「你想做什麼？他已經這麼害怕了，你為什麼還要叫他試試看？」媽媽更生氣地說：「他做這樣的事情，不打怎麼辦？以後我更管不住了！」我回她：「你如果敢再打他，我就去告你！」我和媽媽之間的互相吼叫，驚動了資深的老師出來處理。那老師是我小學時候的老師，他讓我回辦公室，我只好悻悻然的離開現場。

後來，男孩來上學的時候，身上出現傷痕的機率少了很多。帶完那個班級後，我也調離了母校。男孩的後續發展會怎樣呢？這麼多年來，我很想知道長大成人的他，是不是也當了爸爸？是不是平安健康？還是早已經成了叛逃人生的人？算一算時間，他應該已經三十一歲了。

我想著這二位媽媽的管教方式、想著他們的孩子、想著如果當時我有現在的智慧，是不是能夠改變他們？讓他們知道，如果要教育孩子，最重要的是先處理自己的情緒，而不是將情緒發洩在孩子身上。如果能夠正視孩子的需求，也可以避免很多的衝突。至少，應該有基本的尊重，而不是將孩子視為自己的財產，任意的打罵。

經過幾次類似的事件後，也讓我不斷地反省自己，是不是具備了介入的能力？現在遇到了相似的情況，我總會小心翼翼的察言觀色，確定自己有助於平息風波，才會用父母信任的方式來幫助他們。

語言能說明一切，卻無法表達感覺的層次。
溝通最原始的方式來自於訊息的傳遞。

我只想死

許久不見的老家長，打電話說要談談。我們都猜得到大概發生了什麼事情。才見面，寒暄了幾句，母親就開始放聲大哭，並且滔滔不絕的說了一大段她的壓力。母親哭了許久，在稍事停歇後，終於說出了大哭的原因，是因為小學六年級的兒子最近壓力頗大且情緒低落，忍不住地哭著說：「媽媽，我只想死掉。」聽見從小最難捨的寶貝兒子如是說，讓母親心如刀割、眼淚潰堤。

還記得母親送四歲孩子來學校時的那一幕，母親不捨的眼淚讓準備去溜滑梯的小男孩停下了腳步，望著媽媽的淚眼婆娑，男孩立刻哭著說：「媽媽，你怎麼了？」然後飛奔到母親的懷抱裡。時間分秒地過去，男孩再也不敢稍離母親的身邊，只能遠遠地望著開心嬉戲的同伴們，他不放心留下母親一個人。這樣的場面發生過好多次，我對母親說：「孩子很擔心你，你知道原因嗎？」

在多次的談話裡，發現母親在自己的原生家庭裡養成了非常在乎別人的眼光，所有的作為和表現，最終目的只在於呈現「當初沒有疼愛我，是個天大的錯誤」。母親從小生長在大家庭裡，身為長孫女的她，並未得到大家庭的疼愛，只是與她的母親一起忍受阿嬤的奚落。被奚落的主因是，阿嬤有非常強烈重男輕女的觀念和作為，並將所有的疼愛和重視都給了家中的男生。即便出生是長孫女的地位，也和母親一起遭受阿嬤冷言冷語的對待。

在那樣不被看重的環境裡，她不斷的證明自己，證明自己比男孩還要好，讓阿嬤後悔自己的重男輕女。母親一直以來都努力的讓別人覺得自己很棒，她期待著別人的掌聲，同時也敏感的在意著所有人的眼光，甚至為了得到掌聲和讚美，不惜用誇大的言詞說著關於自己的一切。

母親從來不曾看見自己，未曾思考自己想要的是什麼？只想到盡量去符合眾人的眼光。走了大半生，就像站在碉堡裡的兵，眼睛裡都是別人和週遭的動靜，從未曾看清楚，自己是誰；沒有機會，聆聽自己；沒有機會，觀照自己。全副武裝的準備著，準備迎接可能襲面而來的眼光。這樣的習性，最後帶進自己的婚姻裡，不斷加諸一對兒女的身上。孩子的敏感、在意別人的眼光，比母親更甚；就怕自己不如人，就怕會被別人笑話。

當年，母親選擇了有同樣重男輕女家庭情況的先生結婚，婚後一舉得男一直是母親津津樂道的話題。這男孩，讓母親在婆家奠定了最高的地位，一切都是以男孩為主，是標準的母以子貴。母親說如果假日她不想回婆家，就會以兒子做藉口。婆婆聽說是孫子的問題，就不會再追問，如果沒有兒子做擋箭牌，婆婆犀利的言辭和冷嘲熱諷會讓人無法招架。

母親為了顯示兒子的優秀，不斷安排各種課程給孩子，但嘴裡總說「是孩子自己要的」。孩子放學回家後，幾乎毫無喘息的機會，每一段時間都安排了課程，包含管樂、英文、鋼琴、畫畫……男孩到了十二歲，終於喊出了壓在身上的重擔：我只想死！

我問這位母親：「當孩子棋琴書畫樣樣通，但心裡只想死的時候，你會不會後悔？如果有一天，孩子真的做了傻事，是不是才能幡然醒悟，看清楚這人生的功課呢？」母親止不住的眼淚是累積多年的辛苦，就為了抓住所有人的眼光，為了證明，讓阿嬤知道，男孩女孩一樣好。兒子的只想死，也只是和媽媽一起努力證明後的身心俱疲。我和母親談了許久，她終於明白兒子的壓力源，除了謝謝我和老師們跟兒子談談以外，也同意努力地改變做法，不再為別人的眼光而努力。

經過這些年不斷地改變，兒子在去年順利地考上公立高中，並來跟我們分享他的喜悅。他說：「我現在還有參加管樂團。」我問說：「是媽媽希望你參加的，還是你自己喜歡？」男孩說：「是我自己很喜歡，現在媽媽都會問我的意見，不會再強迫我一定要學什麼了。」

我看著侃侃而談的自信男孩，看著正欣賞著自己兒子的母親，很開心他們終於擺脫了別人的眼光，懂得為自己的生命而努力。

在學會「時時可死」的勇氣前，要先擁有「步步求生」的意志力。

一場串謀的家庭密碼

電話那端傳來的聲音甜美有禮，一位在台北的母親打電話來，敘述九歲孩子的狀況和就讀的可能性。母親將孩子所有就診紀錄和治療過程的資料整理得有條不紊，寄到學校來讓我們評估。仔細看了資料，母親的字跡端正工整，紀錄上說明孩子自三歲即被判定是自閉症且伴隨著過敏，因此記錄表裡有許多不能吃的食物。

多年前，這女孩來學校就讀了一個學期後就又轉學了。當時的表面原因，是因為我拒絕了父親強制性的約談要求。但我一直想著整件事情應該另有蹊蹺，只是當時無法透徹完整地看清楚整個家庭的運作方式。

我有個同學一直是為自閉症孩子努力的教育工作者，打電話給我，問起了這個女孩。我說：「她應該已經十三歲了吧！」同學說這女孩的父母帶她到他們的機構，他在資料中看見了就讀紀錄，所以想了解這女孩當時的情況。

我回想起那時候他們一家三口來到學校面談的狀況。約了面談時間後，一如往常，我並沒有刻意記得這件事情，只是要求父母與孩子要一起來。面談當天，孩子的表現讓我非常疑惑，在腦海裡認真的思索著所有關於自閉症的一切。父母非常緊張，極力想控制住在辦公室不斷遊走的孩子，母親表現得較為主動和親切，父親則略顯冷漠，在三人沙發上，父母一人坐一邊，中間坐著孩子。

我仔細的看著孩子的紀錄，確實是寫著自閉症，但陪讀老師每天的紀錄則是情緒失控的問題。

我拉起孩子的手問她：「你想看大嘴鳥嗎？」她立刻點點頭。

我又問：「那你告訴我妳叫什麼名字？」

孩子突然開始大哭，情緒崩潰的哭著說：「我不能告訴你！」

我問說：「為什麼？你是不是叫做……？」

她說：「不能說！那是我的真名……」

我問她為什麼不能說呢？孩子大哭著說：「告訴別人我的真名，我就會死……我會死啦！」然後坐在地上瘋狂似的哭喊。

我很狐疑這孩子是不是自閉症？她對答如流反應極快，也沒有自閉症的任何特徵。

當時，我和父母談了比較深入的問題，多數重點都放在父母本身及婚姻關係上，我發現父母本身才是問題的根源，造成孩子的情緒障礙明顯。但是，自三歲起都是以自閉症作為治療方向。

就在談話即將結束時，被老師帶離的孩子情緒平和的回到辦公室，時間大約過了一個半小時。當孩子看到小狗的時候，嚷著她也要養狗。我很冷靜的跟她說：「要養小狗，要先查資料，看要養哪一種，還有照顧的問題。」

孩子忽然間又發了狂，開始用腳踢著茶几，並大聲哭喊著說：「我要現在！」父母急於控制住那孩子，我示意讓她繼續，我想知道女孩狂鬧之後的後續情況。

我看著孩子，那孩子避開我的眼神繼續哭叫著，一邊踢茶几一邊說：「啊！我都被你們寵壞了啦！啊！我要發瘋了啦……」

孩子說的這句話，代表家裡一定有人是這樣認為的。瘋狂哭鬧的時間大約三分鐘，我將茶几的一角抬起，然後重重放下，我想模擬在家有人制止時女孩的反應。我很大聲的告訴她說：「要瘋？我比你還瘋！你再踢？」孩子盯著我的眼神，立刻停止了瘋狂哭鬧，安靜的坐在那裡觀察我的舉動。於是我確定了通常在家裡，這孩子的瘋狂哭鬧是有人用大聲來遏止的。母親說每次哭鬧到最後，都是父親以權威制止的。

當時，我同意了孩子的申請就讀，我要求父母停止孩子每天的藥物。父母極力想要說服我：「孩子沒有服藥時，情緒會嚴重的失控！」我答說：「我要知道真實的狀況，才能判斷如何幫助她。」父母或許是擔心就讀問題，才同意了暫時停藥。

女孩入學後，情緒失控的狀況逐漸減少，就在一切都穩定進步中，突然聽說了孩子要轉學，理由是父親反對。老師在孩子轉學後還持續與母親聯絡，關心著孩子的狀況。直到有一天，母親再也不接老師的電話。原因為何？直到和同學聊起這件事情，我才終於恍然大悟。

和同學說著電話，思緒不斷回顧當時整個事件的來龍去脈，我想著當時未注意的疑點：一是自閉症為何長期服用控制情緒的藥物？二是母親突然的失聯。將整件事情串連起來才驚覺，女孩不過是父母婚姻關係中的丑角，她用生命來演出這一場婚姻與家庭的祕密。

我對同學說：「一般父母看到自己病況嚴重的孩子有明顯的進步時，無論天大的理由都不會放棄機會，但這對父母會倉皇逃離，只有一個理由，因為他們不願意自己編導的家庭劇碼被改寫。」

同學轉述與母親見面時，母親冷靜的說著關於孩子的過往，冷靜得似乎事不關己。我勸同學：「放棄吧！我們沒有辦法幫助不想改變的家庭，那孩子不是自閉症，應該是精神分裂。」

我要去美國了

翻開面談的資料夾，上面記錄著國小四年級的男孩過動症，服藥一年。自公立小學轉至私小後，因為不時地闖禍，學校要求父母讓孩子按時服藥，否則老師無法控制上課的秩序。父親不忍見兒子吃藥後終日昏沉，有時候會偷偷停藥，但每次都被老師發現。就這樣，日復一日地在吃藥和停藥間掙扎。

夫妻安靜的等待面談，兒子卻熱情地和老師們攀談。夫妻的眼神未曾離開過遊走在辦公室的兒子身上，並不斷要求兒子回到位置上坐好。我對男孩說：「你可以自己去辦公室外面走走，也可以去教室看看。」男孩如獲大釋般開心地衝出去，那壯碩黝黑的身材，跑起來竟然一點兒也不吃力。

我開始問轉學的最主要原因是什麼？父親說：「老師不斷的要求孩子一定要吃藥，但我捨不得孩子要靠藥物控制。而老師像警察抓小偷一樣，每天都會問吃藥了嗎？我的孩子活潑好動，但只要吃了藥，他就會兩眼渙散或嗜睡。我看了很心疼。」

心疼孩子的父親慢慢地說著孩子在學校的情況，也說了當初聽說中部的私立學校可以住校，心想在專業的老師二十四小時的教育下，孩子應該可以脫離吃藥的噩夢，於是，狠了心讓孩子離家去住校。沒想到，新的學校老師一樣反映了孩子難管教且過動的問題，並不斷要求讓孩子吃過動症的藥。父親說，他不要求什麼，只希望自己的兒子健康快樂的長大，而不是在昏沉之下度過童年。

我和父母談了目前台灣對於過動症孩子的醫療方式和教育的模式，也詳細地問了夫妻雙方原生家庭的狀況，更多的時間是在談轉到哪裡去都令人頭疼的兒子。父母無奈的心情，讓人不捨。

面談結束了，孩子汗流浹背的跑回辦公室。兒子第一句話就說：「我要留在這裡。」

爸爸說：「我們要回去了。」

兒子說：「我不要跟你們回去，我要留在這裡。」

爸爸說：「我們還要回去辦轉學呀。」

兒子說：「你們去辦，我不要再回去那裡了，我要留在這兒。」

我看父子兩人僵持不下，看著像原住民的黑黝男孩眼神裡充滿了希望的樣子，只好跟父母說：「沒關係，讓他留下，你們去辦轉學，回頭再來接他。」

男孩剛進學校時，打架鬧事樣樣來，精力旺盛得讓我們必須不斷地和他懇談。他喜歡捉弄同學，有時候拳頭相向；殘留藥物的作用也讓他不時地昏沉。但他出人意料的細心和體貼，經常不分對象的主動幫忙和關心。

在他動手打人或做錯事情時，我總認真地看著他說：「你知道自己這樣的行為不好，對不對？那為什麼你不要管住自己？我知道你是一個很好的小孩，你很關心每個人，也很樂意幫助每個人，只是有時候，你忘了自己的強壯，一出手就會弄傷同學。是不是能記得不要再隨意動手了呢？」經過一次又一次的懇談，男孩漸漸地能掌控了自己的行為。

我們在他身上看見過動症殘留藥物的威力，他經常在下午就無法清醒，眼神迷茫的直到放學。登山時，他總是走在最後，氣喘吁吁的。經過兩年的時間，體力變好了，行為舉止也收斂了許多。在他上國中前，我還不斷的耳提面命，要他上了國中後更要注意自己的行為，尤其不能學壞。

那原本過動的黑壯小子，現在已經要上大學了，上回學校活動時，一早自己搭計程車來學校幫忙一整天。

前幾天，他在臉書上跟我說他要去美國了。細問之下，他說要去美國念藍帶餐飲管理學院，他說以後要開一家法式料理餐廳，他立志要變成有名的大廚……

我想起他剛到學校報名的第一天，想起他抓著我瘦小的侄子往牆上摔；想起他經過辦公室時，問我為什麼還不去吃午餐？他說：「要不要我幫你裝午餐來辦公室？」班級烤肉的時候，他總會問著其他人：「要不要我幫忙？」

還記得入學一段時間後，他和許多比他小的孩子坐在校園草坡上聊天。他說：「你們知道很多學校的老師都會打人嗎？」從小在諾瓦長大的孩子聽得入迷。他說：「我讀過好幾個學校，只有諾瓦的老師不會打人。」我聽到了他說的話，問他：「所以，你現在也不會打人了？」他靦腆地笑著說：「對呀！誰叫他們都打我。老師打我，我就打別人……」

記憶猶新，這孩子竟然已經是個追逐夢想的有志青年了。

我跟他說：「千萬不要學壞，不要走上以前老師認為『小流氓』的路。要加油！校長媽咪等你回來……」

他說他一回來就會來看我，我聽了一陣鼻酸。

他說：「現在要上飛機了。」

我說：「我會想念你……」

他說：「我也想你，校長媽咪。」還附了一張眼淚流到地的貼圖。

當我們面對「過動」的孩子時，是不是該思考他們過動的背景原因？是不是一定需要以藥物來克制他們的行為？人的體能有限，是我們的環境無法滿足他們活動量的需求？還是他們真如醫生所言，是由一種發生於大腦前額葉的遺傳性多巴胺新陳代謝失常引致？

諾瓦歷年來有十來個曾經服藥的過動兒轉入，在就讀期間我都會要求父母讓孩子停藥，以便觀察孩子在未服藥時的行為。同時，我們提供孩子更多需求體能的活動，並且盡可能放寬必須的限制。如今，這十幾個孩子幾乎都自諾瓦畢業進入一般國高中就讀，所有的表現都在水準之上。

想著他們，想著男孩憤憤地說「誰叫老師都打我」的那一幕，看著男孩在登機口的照片，那燦爛的笑容和炯炯有神的雙眼，我思考著過動症相關的學術理論。

我越來越相信，無論是其本身腦前額葉的多巴胺分泌異常，或是教養環境出了問題，他們需要的，只是比一般孩子多一些寬容、多一些時間和空間而已。

知道、做到、悟到、得到，是學習的完整版。

草率的思考

有一個小故事是這樣說的：從前有一個和尚跟一個屠夫是好朋友，和尚天天早上要起來唸經，而屠夫天天要起來殺豬，他們約定每天早上互相叫對方起床。多年以後，和尚與屠夫相繼去世了。屠夫上天堂了，而和尚卻去了地獄。為什麼呢？因為屠夫天天做善事，叫和尚起來唸經；相反地，和尚天天叫屠夫起來殺生。這故事的結局和我們所以為的結局有天壤之別，為什麼？因為我們被教育了一個概念，殺生的屠夫是要下地獄的，善良的修行和尚可以上天堂。

看完故事後，有沒有發現在教育裡也存在許多似是而非的教條，充斥了許多過於單一的道理。就像流傳已久的二十四孝故事在感人肺腑的孝道裡，充滿著不合邏輯的思考。以及教科書中蘇武牧羊的故事和歌曲，短短的文字裡所能表達得不盡真切、不夠完整，卻下了個忠貞愛國的定義。

另一個經典的故事，就是屈原投汨羅江而死，我們的端午節紀念屈原，要彰顯的是他憂國憂民的偉大情操，但故事結尾卻是一死了之。這個故事讓孩子學習的是，憂國憂民到一死了之是偉大的愛國情操，但是，屈原投汨羅江是正確的作法嗎？是否有其他的可能性或作法呢？

除了這些定義結論過於草率的故事外，還有許多深深影響著我們價值觀念的座右銘。這些短短的字句裡，有的終身受用、有的卻讓人一生受礙。有些讓人渾沌不清、有些讓人矛盾。就像何時是「大丈夫能屈能伸」的時刻？何時必須是「士可殺不可辱」？人說：「浪子回頭金不換」，又說：「一失足成千古恨」。當禮、義、廉、恥的規約都已經成為行為準則的時候，又該如何解釋娼妓晚景從良，一世煙花無礙呢？怎能無礙呢？

人說：「天下無不是的父母」，社會新聞卻經常播報著孩子遭父母虐待致死的案例。這又說到一個小故事：一個小孩問媽媽：「你不是說要愛護動物嗎？」媽媽回答說是，小孩問說：「那你為什麼還要叫我把雞的肉吃下去呢？」

許多簡單而草率的故事，都會設定一個學習的主要目標，為的是凸顯和強化目標的重要性，但反而讓整個故事看起來牽強無理。我在知名教科書出版社出版的國小一年級國語習作裡看見了注音符號的填寫表格，表格畫在一隻烏龜的背上。我打電話去出版社問：「請問，你們有看過烏龜殼上有三十七格的嗎？」他們解釋主要用意是讓孩子一對一對應著填寫方便，我接著說：「然後讓他們誤以為烏龜背上有三十七格嗎？」

我小時候的老師說了一個故事，有一個努力上進的窮苦讀書人，因為窮得沒有燈火可以讀書，便抓了許多螢火蟲來照亮。故事的重點是告訴我們，無論在什麼環境下，都要有力求上進的精神。但故事卻誤導了我們對於光源的認識。我小時候也曾經在漆黑的夜裡，抓了整罐的螢火蟲來實驗照亮的效果，當我根本看不見任何東西時，一直疑惑著是不是自己的螢火蟲不夠多？長大後才知道，螢火蟲發出的冷光不具有照明的功能。

越王勾踐的臥薪嘗膽如果只是一個單純的歷史故事，那後續評論就可以留給聽故事的人，然而，如果其中已經設定了教育的目標，就不會有其他想法的產生。屈原如果不死，有沒有其他辦法發揮自己的愛國情操？蘇武牧羊十九年，有沒有別的辦法改變或扭轉他的人生？臥薪嘗膽才能替自己的國家報仇嗎？這令我想起學校在創立之初，我寫下的第一則廣告詞——「苦學一定能成功，但成功不一定要苦學」。

在這些單一而粗糙的故事裡，我們的思維已經變成一條直線，想當然爾的沒有其他可能性、沒有別的辦法，就像很多小孩都寫過的連連看對應題一樣，不能有第二條可能性，也沒有意外。然而，在多變的世界裡，在未知的人生旅途上，如何能靠著這些單一、這些矛盾，來應付世事多變的必然呢？

我讀國中的時候，教室裡掛著「學海無涯勤是岸，青雲有路志為梯」的格言，老師說：「只要有志氣，就能出人頭地；只要夠勤快，勤能補拙。」如果在這些道理中，後面都加個問號呢？只要有志氣就能出人頭地嗎？勤能補拙嗎？如果在我們說道理、說故事的時候，在許多肯定句後面加上了問號，然後多加思考其中的正確性，應該可以跳脫那單一的直線，應該可以辨認出矛和盾的差異和功用，讓思考和判斷多了許多的可能與正確性。

教育白話文運動

當「不要輸在起跑點上」成了口號時，許多孩子被迫提早學習，快樂的學前教育變成了小學先修班，有寫不完的作業和琳瑯滿目的才藝班。有些孩子在一個星期的七天裡，排滿了課程，琴棋書畫都是選項。坊間的才藝補習班林立，連排個積木也能開成一堂專門的課程。

現在噱頭十足、五花八門的教育口號和方式，色彩繽紛的各式教材教具，真讓人眼花撩亂、目不暇給。許多創新的教育術語也紛紛喊得震天響，各式各樣的期刊論文裡，專業術語也多得讓人咋舌。家長帶著孩子盲目地追著花招百出的才藝班、學校老師感嘆無法教育家長、連許多教育界的人都以滿口術語為專業。

時間在流動，每個人都在和時間賽跑，不時地看著身旁擦肩而過的人，有人超前、有人落後，每天忙碌得像陀螺一樣轉不停。急促的腳步讓人擔心，自己的孩子是不是落後了？是不是已經輸在起跑點上？當許多人都急急慌慌的追趕進度時，突然有人喊出慢學，許多父母似乎終於找到了一個依靠、一個理由，放下懸吊已久的不安。

其實，學習和吃飯的道理是一樣的，細嚼慢嚥才是保護身體的方法。充滿式的學習就像狼吞虎嚥，無法享受美味，學習自然缺少了樂趣。任何事情沒有樂趣，當然不會有動力了。當孩子排滿課程時，就會失去思考的時間、失去了內化的機會。學習得再多，恐怕也只能短暫的讓父母安心。

快學、慢學，其實都是錯誤的想法和作為，而當教育者喊出這樣的口號時，是還未將教育的道理悟透，除了潛意識的掌控心態外，還有趁著風潮成就個人之私的嫌疑。因為每個人都是獨一無二的，都有著自己與生俱來的學習速度，就像櫻花盛開季節時，每一棵櫻花樹的開花時間還是有先後、有差異一樣。而且，每個人的基因、先天氣質、後天環境、教養方式等差異甚大，怎麼可能由旁人來訂定學習的速度呢？

在這一場百家爭鳴、各說各話的教育環境下，在少子化的時代裡，父母真難為！究竟該為孩子選擇全速前進？還是自由發展？該聽專家的意見？還是自己決定就好？這一場混亂教育的未明中，其實不難分辨。蘇洵在〈辯奸論〉開頭寫著：「事有必至，理有固然。惟天下之靜者，乃能見微而知著」。許多事情存在明顯的小細節，從小小的細節裡就能看出許多端倪。

一位教授談到他去參觀一所台灣知名的私校，校內所有設備氣派非凡，學生也多來自經濟優渥的家庭，許多課程的設計也能符合家長尊榮的期待。教授說，他們有一個學生上課不專心，被老師說了幾句，沒想到孩子竟然回說：「你敢罵我？我明天就叫我爸把學校買下來。」這是社會價值觀的偏差，也是學校取向而產生的問題。在這種心態的教育下，無論推出多麼新穎的課程，無論喊出多麼動人的口號，教育的本質都已經變了調。

回歸到最初始的問題來思考：

你期待自己的孩子成為什麼樣的人？

你期待自己的孩子具有哪些特質？

你期待自己的孩子未來的方向是什麼？

再回頭省思以下的問題：

你是否清楚知道孩子的天賦特質？

你是否瞭解孩子的發展期？

你是否能得知未來世界的不同？

你是否能察覺孩子的能力？

你認為自己的孩子是否能完全符合你的期待？

而你自己是否具備了帶領孩子邁向未來的能力？

經過一番審慎仔細的省思後，是不是發現了父母或老師應該扮演的角色？是不是能辨認出時下百家爭鳴的教育模式中，「老師」是教育專家？還是教育業者？是經濟主導了教育發展？還是教育發展成就了經濟？

這些五花八門、色彩繽紛的教育現象，確實讓人混亂，許多記者帶著這些琳瑯滿目的教育花招來訪問我，一時也無從說起。和教育界的人的談話過程中，也充斥繞口的專業術語，我常常想著該如何力挽狂瀾，讓台灣的教育回歸到正常的速度，讓教育變成普羅大眾皆能懂的一門課。我和許多教育界的朋友談到：我們是不是該提倡「教育白話文」的運動了？讓所有的父母不再迷思、不再為孩子的教育惴立不安，讓我們的下一代能夠在自己的學習速度裡，穩健地邁向未來。

真、善、美，是依序的進程。
過度強調的美，是一種假象。

創造學習的氛圍

一個人努力，不如大家一起努力。
一個人享樂，不如大家一起享樂。
一個人學習，不如大家一起學習。

我們每天都要工作，每天都必須跟一群人在一起。如果我們的大半生都必須工作，那麼，這大半生的工作就應該是幸福快樂的來源。如果群聚是一種力量、是一種安全、那在其中的每一個人都是重要份子。我和諾瓦的老師、家長與孩子們沒有積極努力的快速腳步，卻未曾放棄每一個可能；我們每天都在這樣的環境裡共同學習著生命的智慧、共同享受著生命的美好。

我的工作環境裡有大樹環繞，許多鳥兒和小松鼠在樹上在枝頭跳來跳去，水塘裡有大白鵝和綠頭鴨，旁邊還有山羊慵懶的在曬太陽。白鵝坐在小孩旁邊一起聽故事，雞、鴨、鵝，還有台灣藍鵲，一起圍在食槽邊吃飯。在這兒，所有的生命都在寧靜安全的氛圍下，自由的成長著。

這看似一幅美麗的圖畫中，令人稱羨的環境裡，其實藏有一群人的許多智慧和力量。我們一起研究生命、研究教育、研究天地、研究古往今來的所有事。沒有虛偽的禮貌、沒有假意的客氣、沒有偉大的雄心壯志、沒有功名利祿的煩惱，我們每一個人只是認真地活著，認真地看待生命的意義。這一群人很有趣，在看似緩慢的腳步中，有一個快速流動的脈動在跳躍著，隨時都有新的迷戀、新的學習、新的改變。

前幾年因緣際會到了四川成都和當地小學締結姐妹校，趁空遊歷了都江堰和其他景點。我發現賣苴却硯的店家，裡面的每個硯臺都讓人愛不釋手。帶回了苴却硯後，我們這一群人都開始迷戀起文房四寶、研究著中國人的書法歷史，大家下班時間還聚在一起瘋狂練習書法。

有一回在學校的大型活動中，一位老師吹起動人的巴烏，那餘音繞梁讓我們也人手一支。我們的辦公室，沒有緊張嚴肅的氣氛，每天都有人穿著圍裙趁空拿起巴烏叭叭的練習，其他人依舊忙著自己手邊的工作。在看似沒有規則的上班時間裡，有著一條隱形的線牽著，那是「對自己的要求」。

去年，幼兒園的小孩課程主題是綠手指，我們一群人又開始了瘋狂的種植多肉植物，大家互相分享著種植心得，也相約在每個假日裡跑遍台灣所有的多肉花園。忙不停、學不完，這樣愛學習的氛圍帶動了大家每天的熱情，無論大人小孩，只要有新的發現、新的方向，大家就跟隨在後一起研究、一起參與，眾志成城的結果，反而比設定目標的學習效果還要驚人。這樣容易迷戀的風氣也感染了家長，做手工香皂、果醬、木工、麵包、資源再利用等，都曾經是風潮，也持續到現在。

在這樣的環境下，學習變成了一種樂趣，因為有同好，因為聚集。大人小孩都熱愛著學習，熱愛新知，其中的嘗試和分享是樂趣的來源，我們並不在乎所學是否有成，我們也沒想過這些迷戀所帶來的結果。在沒有目的的學習過程中，反而少了壓力；在沒有目標的設定裡，才能有享受學習的好心情。

每一個學習都會牽動更多的相關研究，舉個例子吧。在菜棚裡種菜出現了蟲害，我們開始研究昆蟲、研究病蟲害、研究土壤、研究肥料，還有種植方式。我們不約而同地分頭查著所有相關的資訊，也一起思考著更好的種植方法。每一步都是學習，每一刻都是樂趣。

前幾天，有一個媽媽分享了她四歲和六歲孩子放學回家後在家裡的對話。弟弟說：「姐姐，你知不知道什麼是魚菜共生？」姐姐說：「我知道呀！」然後她拿起筆開始畫著魚菜共生的系統裝置，一邊畫一邊解釋給弟弟聽。媽媽非常驚訝姐姐將魚菜共生的原理說得非常清楚。能夠清楚地分析，這表示小孩真正的吸收了課程中所有的學習。

人說活到老要學到老，如果將目標和目的放在第一位，一不小心就會損壞了學習的興趣，那麼誰還願意學到老呢？教育中所說的課程，包含了顯著課程和潛在課程，顯著課程的方向和進程都是設定好的，潛在課程卻是學習中不期而遇的美麗獲得。有了學習的興趣，有了群聚的動力、「能夠學習」變成是一件令人快樂且期待的事情。

這學習的風潮，在我大半生的工作場合裡瀰漫著、流行著。我們這一群人，沒有設限、沒有預期的享受著學習的快樂、享受著順其自然地前進。這一路走來不經意撒下的種子，正在開花結果。

學習感受力

一個母親說：「我的孩子（三歲）每天都要玩小汽車，就拿著車滑過來推過去，也沒有做什麼，我覺得他太浪費時間了，所以送他去上積木課。」

一個母親說：「我的孩子（三歲）很愛玩水，就這樣開著水龍頭讓水嘩啦啦地流著，他就捧著手一直看著。我真的覺得他太浪費時間了，所以我會規定他去看繪本。」

一個母親擔心地說：「我兒子（六歲）好愛切橡皮擦，每買一個新的，他就把它切成絲……」我告訴她：「我小時候也這樣。你知道，切的過程中，每切一刀，都有一種說不出來的感覺。滑滑的、整齊而且漂亮的切面，直到現在我還有那種沉浸其中的深刻感受。」

其實許多事情對孩子來說都是學習，無論是學習感受、學習情緒、學習知識，都是一種體驗，或許在成人的眼光裡看起來是無意義的事情。我想起以前當老師的時候，教三年級的書法課，有個男孩拿著毛筆塗著自己的手，我遠遠地觀察著男孩沉浸其中的樣子，他一筆一筆專心地畫著，直到整條手臂都塗成黑色，完全的塗滿。當他完成時，還轉動著自己的手臂欣賞著。我想起自己小時候同樣的作為，那種毛筆刷在手上冰涼的感覺，那是一種感受力的建立。

學習是一生中最重要的習慣，人說活到老學到老。尤其是在幼兒時期，許多經驗都來自於他的遊戲，許多感受也來自於他不斷的嘗試。如果父母對孩子的遊戲抱持「那是浪費時間」的觀念，那麼孩子的一生將會欠缺許多感受的能力；而且許多父母最在乎的學習幾乎僅限於認知或技能的訓練。

感受力是我們非常重要的能力，因為感受能力的敏銳，可以彌補語言無法傳達感覺層次的缺憾。例如，孩子說：「媽媽，我的腳很癢。」我們都可以知道他很癢，但我們無法體會他癢的程度。語言可以清楚地表達事件，卻無法將感覺層次表明清楚。

我們知道孩子跌倒時很痛，但我們無法精確得知對孩子來說，他的痛究竟有多痛？即便是多麼生動的形容詞，如「錐心之痛」、「痛徹心扉」，都是如人飲水，冷暖只有自己才知道那種感覺。

許多感受力來自於觀察、觸摸、嘗試，經過不斷的練習後，才會有感受，才能擁有同理心的能力。當我們無法感受到他人的感受時，又怎麼可能有感同身受的能力呢？

而每一件事情，都包含了許多的學習。孩子不斷地推著小汽車前進後退，他的手摸著、他的眼睛觀察著、他的大腦運動著。我們無法看見這個經驗有立即性的成果，就像孩子切著橡皮擦、捧著水流、皮膚接觸筆墨一樣，但是，這些經驗在孩子未來的人生裡，將轉換成他精確的感受能力。

我的父親會用小刀將鉛筆削得非常圓整，每次他削完鉛筆時，還會讓我們摸一摸，他總是說：「你摸摸看，這鉛筆要削得沒有線條，削得圓圓的，才是削得最好的鉛筆。握起筆來寫字才會舒服。」我到現在對於那摸起來圓整的感覺還在。那你感受得到我所摸到的圓整嗎？那一種手指與鉛筆間的連結。

如果我沒有切過橡皮擦、如果我沒有用毛筆畫我的手、如果我沒有抓過青蛙、玩過泥巴，我相信許多事情我都無法感受。無法感受的事情，我們也將無法理解。這樣的感受力，是人生情感中非常重要的部分，當我們能夠感受、理解，在人與人之間的溝通和互動，會減少許多不必要的誤會或摩擦。

我常建議家長，在安全的前提下，讓孩子嘗試所有的事情，無論那事情看起來多麼的愚蠢或是無聊，甚至有些小破壞或損失。因為這些嘗試的行動，將為孩子建立起人格中的感受力，在面對無法溝通時，也有能力找盡所有的形容詞，來清楚表達自己內心所有的感受，這也是溝通能力的培養。

我想起和朋友說到自己二十歲那一場大車禍時，我努力的形容那樣的痛。我說：「醫生將我癒合不佳的手指剪開來擦藥的時候，你知道十指連心，那種痛、痛徹心扉，痛不欲生的感覺嗎？」我的朋友冷冷地說：「我當然知道呀！但那痛不算什麼。」我說：「那種痛，幾乎是讓人可以昏厥過去的錐心之痛，你怎麼會說不算什麼呢？」我的朋友回答：「你生過小孩嗎？那種痛，才叫做痛徹心扉，才是痛不欲生的感覺。」

對於朋友說的「痛」，我沒有感受過，但生孩子的痛，已經超過我經歷過最高級的痛時，只能用想像來感受那種筆墨難以形容的痛。每個孩子的出生，都帶給母親無與倫比的痛，難怪有句話說「為母則強」。這用生命最高級的痛換來的生命、和自己血脈相連的孩子，對母親來說，必然是天下最美麗的小天使。

當許多事情如人飲水、冷暖自知時，應該讓這些小天使能夠自由的體驗著所有的事物，在其中體會所有的感覺。有一天，孩子會知道母親忍受了多大的痛苦，才將他帶到這個世界，他也終於能懂得「身體髮膚，受之父母，不敢毀傷」的真義了。

國王的新衣

某個星期日，我受邀到一個國小研習會去分享諾瓦的教學經驗，研習會中還有教授指導和其他學校的分享，寫著時間安排的斗大海報貼在會場中。我比預定分享的時間早到了半個小時，舉目望去，全會場除了少部分家長和同業外，還有五、六十位高年級的學生。

我看著海報上的時間十點半，那位教授應該要結束發表，但他似乎沒有要做結論的跡象，我趁空去了廁所。廁所外聚集了許多犧牲假日，連續兩天參加研習會的學生，他們不停的嬉鬧著。我聽到他們抱怨著：「不知道在說什麼」、「肚子好餓了」、

「我不想進去」、「什麼時候會結束」……

我閒晃一會兒，又回到了研習會場，那位教授還在滔滔不絕、侃侃而談。坐在我前面主持研習會的校長，依然笑容可掬的專心聽著，還不時地回過頭來，示意大家給掌聲。看著座位空了一半的研習會場，我一直想著：「寒冷的星期假日，有三分之二的人是被迫到場，這是一場無聊的遊戲」，越想就越坐不住，很想往外逃，想和學生們一起站在廁所門口。

時間已經將近十一點了。我想著為什麼這樣的一群人要聚集在這裡？共同演出一場「國王的新衣」的劇碼。被迫參加的學生、不好意思拒絕參加的幾位家長、學校的工作人員和必須出席的官員代表。大家在寒冷的假日裡，聚集在這裡的目的是什麼呢？正沉浸在自己的思考時，突然被嚇得回神，坐在我前面的校長回過頭來，示意我該掌聲鼓勵，因為那教授終於說完，下台一鞠躬。看看時間，已經十一點半了。

我的發表前還有兩位要上台，看著他們依然能夠無視於時間的緊迫而口沫橫飛地說著自己對教育的新理念時，我越來越為現在的教育生態悲哀。這樣無視於現場所有人的煩躁和超過了午餐時間的演說，究竟意義為何呢？我靜靜地觀察著會場中許多人的表情，想著我們的生命中，有多少時間用在「國王的新衣」劇碼裡。

時間是十二點半了，我在掌聲中上了講台。我注視著全場的大人和小孩，停了一會兒，我說：「現在是午餐時間，大家餓不餓？」現場反應最快的是那些穿著童子軍制服的學生，他們整齊地喊著：「餓！」我看著大人們臉上出現了複雜的表情，有人尷尬的面面相覷，有人略過尷尬後恢復了禮貌的笑容，有人面無表情的準備接受持續的疲勞轟炸。

我接著說：「前面時間，專家們發表了許多對教育的高見，但不知道有沒有發現現場的我們肚子餓了呢？如果我們忘情地發表著自己對教育的論述，卻無法做到『尊重』時，是不是應該思考一下，教育的本質是什麼呢？」

然後，我說：「現在時間又過了五分鐘，我們去享用午餐吧！」我在大家如釋重負的掌聲中放下麥克風，主持會議的校長驚愕的表情，我至今難忘。

「國王的新衣」這樣的劇碼，是一個普遍存在的現象，相信你我都非常熟悉。我們每一個人都或多或少地參與其中，共同成就一個不知目的為何的假象。沒有人有勇氣去拆穿，沒有人願意指出真相。這樣的假象，在家庭裡也屢見不鮮。

朋友的父親從年輕就不斷外遇，母親因為深愛著他，選擇了視而不見。曾經發生過外遇的對象鬧到家裡，全家人各自躲在自己的房間裡，假裝沒有這回事情。當事件平息後，母親照常去準備晚餐，晚餐時間到了，母親還會讓孩子去請爸爸下樓吃晚餐。一家人坐在餐桌前，眼睛盯著螢幕，若無其事，有一句沒一句地聊著新聞內容。就是沒有任何一個人有勇氣談談當天發生的事情，他們已經很習慣地無視於問題存在，而共同製造一個不知目的為何的假象。或許他們的本能都知道這樣巨大的衝擊力量，會摧毀他們可愛的家庭，所以他們寧願選擇忍著心裡的擔心害怕，若無其事的生活著。

我的朋友從小在這樣的家庭氛圍長大後，愛上了一個親朋好友都無法接受的男人，那男人感情世界的複雜、遊手好閒、在鄰里口中是個無賴。但任憑所有人的苦勸，她卻執意嫁給他。新婚不到一個月，她被先生打得遍體鱗傷，卻還是選擇隱忍。隱忍的性格來自於她的原生家庭的影響。

「國王的新衣」無處不在，而當我們選擇了沉默的接受時，我們已經是成就事件的共謀者。在任何場景裡，共謀者為多數時，必然有人需要壓抑自己所有的真實感受。在家庭的故事裡，孩子經過多次的事件後，學會了什麼可以表達，什麼必須隱藏，漸漸地形成了家庭中的「國王新衣」。被隱藏的部分，就成了影響每個人性格的主要原因了。

所有教育的道理，都來自於自然界。
在只有人類的環境裡，道理都只是巧言。

千里姻緣一線牽

一條線　二個人
有牽手的親密
有綁住的距離

短短的線
有自然的溫度
有彼此的眼神

世界只有你和我
當溫度成了習慣
面對面的親密變成背貼背的依靠
身影從彼此的眼神中消失

短短的線
兩人三腳
有習慣的親密
有綁住的距離
感情在親密與距離間拉扯

長長的線
距離的中點是努力的方向
彼此努力捲起握在手中的線

想念著自然的溫度
渴望著面對面的親密
也擔心自己消失在對方的眼神裡

長長的線
有共同的目標
有想像的親密
感情在想像和距離間拉扯

千里姻緣
那一條線
有綁住的幸福
有渴望的距離

那一條線
是長
是短
要能緊緊地握著
要能牢牢地繫著

那一條線
是短
是長
只要能緊緊地握著
只要能牢牢地繫著

那一條線
是家庭的　安全帶

（全文完）

心靈扁鵲醫，人間菩薩行——

謹以此文獻給徹底扭轉我們觀念與人生的蘇偉馨女士

諾瓦小學四、六年級學生家長　林媽媽

多年前開始留意到諾瓦，是外子無意間在網路上瀏覽到的一個部落格。照片中孩子們純真、樸實、平靜又充滿自信的笑臉，就是我們希望孩子長成的樣子；影片中那讓人想重溫童年、充滿樂趣與創意的學習活動；那與藍天白雲相輝映的優雅校舍與寬闊綠地；山羊、白鵝、狗、雞、兔、綠頭鴨、大嘴鳥……。一切的一切，如此遙遠夢幻，卻又真實的存在。不敢相信在台灣，居然已有如此清新自然的教育選項，更無法想像寫了一堆文章的這位「蘇女士」，是哪來的勇氣與毅力，能排除萬難，將教育的理念毫不妥協的落實。看了越多，卻越氣餒。雖然滿心嚮往，卻萬不敢奢望有朝一日，真能領著孩子們進入這桃花源般的教育環境，也無法確定這所學校，是否願意接納、是否有能力照顧我們那發展逐漸偏離常模的孩子。

當時我們一家人的生活，正身陷水深火熱之中，毫無「品質」可言。原本聰慧可愛的老大，兩歲半之後的發展逐漸遲滯、行為怪異固著，情緒的起伏更是無比劇烈。原以為是老二出生之後造成的心理衝擊與暫時退化所致，但隨著時日過去，老大的情況仍是進一退三。原先幸福和睦的家庭，也因為這些無法預期又窮於應付的種種狀況，累積了許多不足為外人道的痛苦與壓力。

眼見孩子的發展逐漸落後同儕，並無改善的跡象，無計可施之下，只能循著一般的模式，開始走上求醫問診、評估診斷、跑療育、送特教……的漫漫長路。原以為背負著一個不在常模裡的孩子，生活忙亂失序、身心疲憊乾渴，就是我們該平心接受的「常態」。就該像醫生宣告的那樣，早早做好心理建設，堅強地扛起無法卸下的重擔，宿命地適應高壓力的生活，忍受這不快樂的一切。原以為這輩子，我們夫妻倆只能強顏歡笑、犧牲自我、撲滅所有夢想，帶著孩子們，一同航向摸不著邊際的黑洞、看不見希望的未來。

天可憐見，時隔兩年，剛替老大安排好緩讀學校的時候（物色懇求了半天，一間教會幼稚園設了一堆條件，終於勉強接受了讓老大到普通環境融合），外子無意間又注意到「諾瓦招生說明會」的訊息。

不敢懷抱任何的期待，我們決定帶著孩子們去參觀這所傾慕已久的夢幻學園。說明會結束，我們鼓起勇氣，趨前攔住「蘇女士」（這位大家口中暱稱的「校長媽咪」），讓她看看是否能收我們的孩子。她靜靜地觀察了一會兒、蹲低了身子問了孩子幾句，居然轉頭對著我們說：「你們的孩子應該是被誤診了。她也許有先天的特質，但你們的教養方式一定也出了問題。孩子年紀越小可塑性越強，你們應該早兩年就送來，怎麼拖到現在?!」

無法適切地以文字形容剛聽到這幾句話時的複雜感受。被全然陌生的校長媽咪不留情面當頭棒喝的同時，經常被幼兒園「婉拒」的我們，卻又深深感動於那無條件的接納與包容（只有校長媽咪和諾瓦，在還不確知孩子詳細資訊的情況下，就給我們熱情的歡迎和溫暖的擁抱），於是我們進一步有機會和校長媽咪當面詳細晤談。

回想兩年前的那短短三個鐘頭，對校長媽咪而言，也許只是千百次晤談當中的一個個案而已。但對當時的我們而言，那信言不美的針砭，苦口婆心的忠諳，不啻是垂下萬丈深淵的救命繩、伸向無邊苦海的楊柳枝。僅靠著我們提供的關於雙方家族的資訊、詢問一些我們夫妻相處和親子教養的細節，沒有特異功能、不談怪力亂神，單就兒童心理發展和家族排序理論分析，就像在我家偷裝了針孔攝影機一樣，立即點破我們最不想承認、卻又不可否認的那些盲點和癥結。一字一句，槌痛我們的心、牢牢釘進我們的腦。

晤談結束，一坐上車，我們夫妻倆相對無言，卻又心照不宣，內心清楚地知道，這是當前台灣教育環境中，我們唯一的出路了。痛苦卻又無比欣喜，不曾有過的複雜感受。痛苦是因為理解，除了孩子先天的特質之外，問題的根源也有可能出在自己身上。欣喜是因為發現，若問題可能出在我們身上，那一切就還有救。如果我們願意先改變自己、改變和孩子互動的方式與態度、終止生活中的惡性循環、留意從來不認為是問題的問題，孩子就會跟著慢慢好轉，那我們就可以脫離被醫生宣判的無期徒刑，一切就還有希望！當晚，我們共同做了四十年人生中最重大、最浪漫、最明快又最正確的決定：趕在開學前舉家遷移、把兩個孩子送到諾瓦。給孩子一個機會，為自己點燃夢想，不放棄任何一線希望！

當下因感動而選擇了諾瓦，日後我們的世界，因選擇了諾瓦而撼動！猶記老大剛送進諾瓦時的狀況，遠遠落後同年齡的孩子：自顧自地雞同鴨講、語言內容貧乏、眼神接觸不佳、精細動作不靈光、社交互動有限……。當時全世界敢基於教育專業、質疑各大醫院診斷、直言孩子是被「誤診」、了解孩子能力和特質，卻依然張開雙臂、把孩子視為珍寶的，只有校長媽咪——蘇偉馨女士一人！慶幸當初我們選擇相信、走上這條相反的道路，現在擺在我們眼前的各種「事實」和各項「奇蹟」，讓人不得不佩服校長媽咪專業的判斷、精準的眼光和勇於獨排眾議、言人所不敢言的膽識！

進入諾瓦之後，我們時時回想並比較著孩子們的改變。一天一天過去，我們家老大以驚人的幅度進步著：情緒平穩愉快、生活自理能力提升、漸能融入團體生活、表達技巧與詞彙日漸豐富、喜歡和老師同儕們相處……。最令人不敢置信的，是孩子的學習動機被激發出來，精細動作也變得靈巧了，現在居然會討著寫功課，而且樂於嘗試新的事物。

從小看著孩子長大的治療師們，當初對於我們將孩子送到諾瓦而非留在特教體系，都抱持著保留和觀望的態度。但一段時日下來，見證了老大跳躍式的全面進步，看著他發展出此類型孩子終其一生都難以突破的各種社會行為，全數跌破眼鏡、推翻原先看法不說，最無法勘透卻又很想知道的，居然是「沒有特教班和特教師資的諾瓦，究竟是如何辦到的？」

除了為老大找一個合適的環境之外，我們也想看看最有福氣、頭一次上學就進諾瓦的老二，從小在這沒有陳規陋習、充滿愛與自然的創意環境裡，度過人生中只有一次、無法重來的童年，未來究竟能有怎樣的發展和多少的可能性呢？看到他每天講著學校種種有趣之事，聽著他滔滔不絕的奇思妙想，很難擋住他什麼都想嘗試和操作的強烈動機，我們的心既樂觀又篤定。將一切交給時間，確信我們的孩子，將來也能像畢業的大哥哥和大姊姊一樣，長成「諾瓦的樣子」：一個人格健全、獨立自主、樂觀開朗、創意無限的快樂新世代！

※　※　※

光陰似箭，歲月如梭。加入諾瓦大家庭，已堂堂邁入第八個年頭。我的兩個孩子，老大即將直升諾瓦國中、老二也將升上高年級；而外子和我在這五年之間，也已漸從「不惑」靠向「知命」之年。

多年來，承蒙諾瓦家人們於各種層面的支持、鼓勵、提攜和關愛，我們的生命因智慧的積累與善緣的匯聚而受到滋養，生活也變得更加豐盛淳美、寧和靜好。

諾瓦的每個人都熱中於各種新奇有趣的活動，共同營造出正向積極、活潑自動的學習氛圍。而這快樂學習的動力源頭，就是校長媽咪。她永遠懷抱赤子般的好奇心、求真求實又行動力十足，對於各類新知與手藝總是求知若渴、精益求精。因其好學不倦、以身作則的態度和自覺覺人、自利利他的襟懷，自主學習和自我成長於焉成為一種自然而然的共識。每個人只要願意跨出第一步，就能在這裡想到、學到、做到、激盪、充實並共享。這樣純粹美好的學習氛圍的形成，要有對的人、對的環境、對的態度，彼此互信互愛互助，所以做任何事都能同頻共振、水到渠成。因其所思、所想、所為皆以真善美為中心，從誠正與無私出發，所以能夠一呼百諾、千手千眼，進而捲動、感染、輻散……創造一圈又一圈無限擴大、心想事成的幸福能量。

這幾年當中，我們一家人受到學校創意風氣的影響，除了安頓身心、重拾舊有的興趣之外，更從日常生活中衍生出多樣饒富情趣的深度學習活動。外子單純因為想喝一杯好咖啡和自己釀的酒、想動手做一個簡單的層架、想幫兒子車一支球棒、想車一枝手工筆讓我練習硬筆書法，而迷上了義式咖啡、啤酒釀造和木工，地下室和車庫的一角因此變身為酒坊和木工室。我為了想用自己種的香草入皂、想讓家人們吃安全健康的食物、想實驗各種植物染色的效果，而開始蒔草種菜、從零料理、自學烘焙，也學習辨認染材、到處上課，著手研究植物染，廚房除了是廚坊，同時也是我的皂坊和染坊。兒子因為爸爸親手車的球棒，而開始愛上棒球、愛看球賽，熱中參加棒球夏令營和社區棒球隊。女兒愛吃爸媽做的原味真食和自製糕點，閒暇時也常自告奮勇，在廚房裡幫忙洗、切、攪拌，享受從無到有的歡樂過程和美味成果。天天、月月、年年，季節在這些「想要」和「愛上」之中，輕鬆而愜意的流轉遞嬗，一家人的心也因為每個喜悅恬靜的當下，更加緊密相依、牢牢牽繫……

感謝上蒼的巧妙安排，賜給我一雙天真可愛的兒女，引領我來到這天寬地闊的寶地，透過孩子們的成長和蛻變，我們更能深刻領略人世間最美妙的喜樂與溫柔，細細咀嚼放心放手後苦盡甘來的雋永滋味。二〇一九年的五月三日至五月十七日，我們家的老大剛剛完成單車環雙島（台灣和綠島）的畢業壯遊。十五天、一千公里的旅程，無論陰晴風雨，全程笑咪咪、跟著最偉大有愛的老師和最體貼暖心的同學們，一起歡樂自信、平順圓滿、成功挑戰了原先認為的「也許不可能」。猶記環島車隊長征返校的那一刻，大雷雨後的乍然放晴，在鞭炮大鼓喧囂和全校師生家長們熱烈歡呼聲中，看著小路的那一頭，列在隊伍後方那看似纖弱、曬得黑黑花花的女孩，和大家一樣牽著腳踏車緩緩走近，如今的她也有了一張當年我所欣羨的－純真、樸實、喜悅、平靜又充滿自信的－諾瓦孩子特有的招牌笑臉！女孩單純而強大、柔韌而勇敢，用她自己的步調，踩踏出了眾人眼中的「奇蹟」……。感謝她的堅持和穩定，多年來日日夜夜的祈願和盼望，似乎都在完騎的此刻，得到了上天的應允和祝福……一路走來的滴滴點點，瞬間凝成了帶著笑的淚，感動和感恩盈滿了眼前的一片模糊……

這個有泛自閉特質的孩子，語言和認知能力落後同齡的孩子許多。原本應該會在特教班或資源班長大的她，因為諾瓦師生的全然接納和愛心澆灌，特別不一樣的孩子，才有機會在如此友善無憂的環境中，長成特例中的特例：一個特別幸運、幸福又開心的孩子！進入青春期之後，如果沒有刻意著眼於她較為稚拙的神情和表達方式，她的情緒甚至比一般孩子更加愉悅平穩。以往令我們深深苦惱的種種固著，伴隨她的身心成熟和理解躍升，也變得溫順明理、容易溝通。不知不覺間，在親師和同學的相伴協助和各類活動與挑戰的刺激下，生活自理能力、人際互動反應和體能耐力也進步飛快。現下的日常生活中，如果沒有人特別提起或討論相關話題，我們幾乎早已忘卻她身上曾有的各項診斷和分類。

至於我們家最有福氣、頭一次上學就進諾瓦的老二，在這充滿愛與創意的能量場中成長，現在已然是個樂觀開朗、熱愛運動的陽光少年！個性幽默中帶點迷糊、總是少根筋的他，腦中總有著許多的奇思妙想，許多尋常人不會注意到的細節，似乎記得特別清楚，這個特質也充分呈現在畫作當中。對於未來雖然沒有什麼方向感、也沒有什麼特殊才華，但是感覺他有強烈的好奇心和學習動機，對於正在進行的教學主題和戶外教學的各種體驗，回家總會眉飛色舞侃侃而談；同儕間正在流行的遊戲和各類學藝競賽活動，老是爭先恐後熱情參與，讓我們由衷羨慕他的校園生活，很想像他那樣率直大方、無憂無慮的長大。從小和姊姊朝夕相伴、手足情深，與家人共度每個甜美或艱苦的時刻，感覺他瘦小稚氣的外表之下，有份超齡的成熟善良和溫柔體貼。在家能主動提醒和鼓勵姊姊，在外也會不自覺的幫忙照看保護。平常在校和老師同學們相處融洽，對於大家的個性和優缺點總能如數家珍、理性分析行為背後的原因。多年來在諾瓦的潛移默化下，友愛和同理心總是自然而然的流露散發，沒有絲毫的做作和勉強。當靈活思考的習慣和單純善良成為一種天性，而非刻意或不得已而然的選擇時，相信可以成為內化於孩子心中、伴隨一生最恆久寶貴的資產！

孩子是上天所賜的禮物，與生俱來的氣質、特質和能力或有不同，只要願意耐心等待、放心交託、勇於放手、給予各種嘗試的機會和剛剛好的愛，尊重並欣賞孩子成長的韻律和節奏，一枝草、一點露，季節對了、時候到了，總能綻放自己獨一無二的芬芳、展現與眾不同的姿態。「順天而行……共同的信念使神蹟發生。相信，就會存在。不相信，就沒有。」謝謝校長媽咪說的這段話，也為我們在諾瓦經歷與見證到的生命轉變，下了最美麗的註解。感謝這些年來諾瓦家人賜與我們全家的身心健全和神采飛揚，回報大家最好的方式，就是把愛與正能量繼續向外發散與擴大！

孩子沒問題，是父母的問題

諾瓦小學四、五年級學生家長　邱爸爸

兩年多前，因弟弟在公立學校適應出了問題，苦惱之際，深信照書養的太太在

《親子天下》發現了諾瓦，開啟了對校咪的認識之旅。對校咪的第一印象，說白了就是一個「怪」字，我不斷問自己，孩子真能放心交給她嗎？但近看些，她的一言一行所散發的，盡是對孩子教育的自信與剛毅。

記得弟弟入學前的第一次會談，校咪聽完我們對自己孩子又臭又長的自我陳述後，我們所期待的是能得到眼前這位所謂教育專家的精闢剖析，相反的卻只有簡單一句話：「小孩沒有問題，問題是在父母」。很震驚的一句話，如大夢初醒般，震出了許多自結婚以來我們夫妻不願坦誠面對的一些問題，更震出我們家接下來的改變。弟弟於二上自台北內湖轉至龍潭諾瓦，而島內移民的這顆種子也開始在我們家悄然萌芽。

一直以來，我很怕接到學校老師的電話，尤其是在上班時間，因大多沒好事，就我經驗，諾瓦的老師很特別，當孩子出了狀況，非不得已須知會家長時，從老師口中陳述很難聽出到底孩子是在學校闖了什麼禍，總是拐彎抹角的探詢，最近家裡好不好，小孩有無異樣，只差沒直問，爸媽有無爭吵、工作順不順利。總歸，還是校咪那句話：「孩子沒有問題，是爸媽的問題」。

弟弟念了一年之後，我們決定把哥哥也轉過去。在校咪親自輔導我那兩小孩的日子（她持續一個月左右每天晚上打電話給孩子），記得有天晚上約十點左右，我不巧接到校咪來電，「爸爸，你好像都很忙喔！難得今天是你接我的電話，今天孩子狀況如何？」天啊！再一次當頭棒喝，我真不知該如何回答，因為實在不清楚：孩子入睡了。轉頭看了一下他們剛出生時的照片，轉眼卻也九年了，過去十四年每天早出晚歸，除了工作還是工作，升官加薪是唯一目標，似乎也忘了孩子現在多高多重，甚至不清楚他們快不快樂？

與孩子的相處大多時間是在處理他們之間的爭吵，一旦處理，情緒必然上火失控甚至抓狂，然而不管如何費盡心力軟硬兼施，始終無法讓他們兩個和睦相處，更不用說要兄友弟恭。直到有一次兄弟打架、弟弟竟也動手打了媽媽，隔天媽媽帶孩子到校，校咪得知此事，前來確認兩個孩子有無動手後，二話不說就找警察開警車將孩子帶走，那「演很大」的場面，兩個小孩絕對終身難忘，除了害怕到嚎啕大哭，我首次見識到這兩孩子懂事以來出自內心的手足情深，兄弟倆緊握對方的手，生怕一個不小心，哥哥或弟弟就不見了，接著一同上警車到警局寫悔過書。

校咪用這震撼教育讓我們夫妻知道，孩子的爭吵還是源自父母如何對待他們，只要爸媽永遠同一國不分裂，小孩自然會結盟且緊緊擁抱相互依偎，否則，選邊站爭吵公不公平的戲碼就只會天天上演。

一年後，我們做了一個天大的決定：夫妻一同辭去在外商銀行的工作，舉家搬到渴望園區諾瓦旁，這絕不是一個簡單的決定，雖當時處於工作頂峯，位居公司要職，但掌聲再多卻也無法掩飾自己失去靈魂的恐懼，該是停下腳步，好好檢視自己的時候了。

拋棄了工作頭銜，卻也意外拉近跟孩子與太太間的距離。這段時間曾上過校咪所開的父母成長班，那一期所討論主題是「生命的使命」，我很感激在她詼諧自信的話語中給了我無限啟發，讓我有機會找到自己人生的另一出口，好好面對自己，學習與自己對話，脫掉疲憊已久的外衣，學著當孩子的好朋友，學著在婚後與太太再談次戀愛，也好好再次扮演好我那逐漸年邁雙親心中永遠的好兒子。

遇見諾瓦，喜見校咪，因而有勇氣啟動我們這個家充滿未知的驚奇之旅，在這旅程，身為父母的我們得以全心全力「陪」孩子，不再錯過任何屬於他們的精彩片段，藉此，我要再次感謝校咪對所有孩子們的用心與對理想教育的堅持與執著。

承認錯誤不需要勇氣，需要「愛」

諾瓦小學二年級學生家長　林媽媽

「緣，妙不可言」，可不是嗎？我的孩子跟校咪是同月同日生，他們不但同一天生日，星座相同，就連血型也相同，所以校咪碰到我時，時常會藉由她親身經歷的小故事來傳達訊息，也不知怎麼的，總覺得有校咪當前例，好像沒剛開始那麼慌張了。

說到我們與諾瓦的緣分，其實要追溯至幾年前的一個深夜，我閒來沒事，在網站上亂逛亂晃說起。當時我的孩子還很小，連幼幼班的年紀都不到，趁著晚上有空檔，打開電腦，在各個網站飄來盪去，心血來潮，開始搜索關於「森林小學」的資訊，看著看著……，就被我發現了這一間所在位置與我居住地同縣市的學校；點進網站看後，越看越嚮往，覺得「嗯！這就是我夢想中的學校」。但孩子爸比較實際，他告訴我雖然在同縣市，但實際從龍潭到桃園市是一段「不小」的距離時，我們幾乎、百分百的，打消了讓孩子就讀諾瓦的念頭。

當我的孩子四歲半，是該讀幼稚園中班的年紀，當時選了一所每天上班途中都會經過的鄉村幼稚園，剛開始，覺得應該是間好學校，但隨著經營者更換、老師與經營者理念不合、學校隨意更換老師、新老師會捏我孩子的臉……等等的恐怖經過，就在灰心喪志時，一個朋友好心的要我去「諾瓦」試試看，她說我們共同的一個朋友，小孩也是讀諾瓦，聽說讀得相當開心。

「諾瓦、諾瓦……」，直覺這個名字好熟呀！好像之前就有聽過，上網一查，原來就是幾年前在網路搜尋過的學校，當下覺得醍醐灌頂、茅塞頓開，心中感覺這應該就是上天的安排，跟孩子爸討論過，立馬打電話預約參觀、以及參觀後與校咪的面談。

我想，我這輩子應該忘不了第一次與校咪面談的情況。首先，當時的我情緒夾雜著擔心、傷心、憂心，再來是面對校咪一連串家族問題的緊張。但，我緊張什麼？想保留什麼？想掩飾什麼？既然我的目的是找到方法讓我的孩子更好，那我還有什麼好怕的？因此我盡量一五一十的回答校咪的問題，其中最讓我內心震撼，也讓我至今一直在思索的問題就是：「現在也是母親的我，與我自己的母親最大的不同在哪裡？」我當時的回答是：「我盡量不犯跟我自己母親一樣的錯誤。」而我也開始去發掘及比較我與我母親在個性上、教養上、處理問題上的種種不同，結果真令我冷汗直流，還好校咪問了我這個問題，讓我發現了許多過去犯的可笑錯誤。

如同校咪當天面談給我的結論與課題，那就是「如果媽媽自己都沒辦法變好，那妳要怎麼讓孩子變好？」也許活在自己建構出的那個鴕鳥世界裡，心裡會覺得「似乎」很安全，但那就像海市蜃樓般，是虛幻、短暫、脆弱不堪的，身為母親，真的對已經顯現的問題一無所知嗎？真的一點警覺都沒有嗎？孩子對我們的意義只是責任跟父母的附屬品嗎？藉由這些年來從諾瓦得到的，以及自我觀察，我也慢慢體認到，原來許多傷害孩子的兇手就是「父母自己」！不論是主動的傷害，或是消極的忽視，那都將對孩子造成嚴重的傷害。

孩子是什麼？我想很多父母會回答說：「孩子是心頭肉，是最珍貴、最寶貝的，是最珍視、重要的人。」既然如此，為什麼我們不能想盡辦法讓孩子更快樂、更心智健全的成長？面子很重要嗎？承認錯誤很難嗎？聽別人的建議很羞恥嗎？面對問題就等同承認失敗嗎？拉不下臉來求助嗎？無法忍受別人質疑自己的教養方式／態度嗎？改變自己等於認輸嗎？上述所執著的一切，不但父母把自己給困住了，還讓孩子變成最終的受害者，而這受害者可不就是我們一直口口聲聲說最珍愛的孩子嗎？

在此，感謝諾瓦所給予的一切，那將是我跟我的孩子一輩子所得到最珍貴、最美好的經驗之一。也感謝校咪一直以來對家長的指正，也極度樂見校咪這本書的出版，因為身為父母不該心存僥倖，不該明知有錯卻想矇混帶過。

對孩子來說，父母的態度何其重要，孩子會像鏡子一樣，將我們好的、壞的，一一反射。最後，還要感謝在我跟我孩子生命中的貴人，也許是真正幫助過我們的人、也許是責備過我們的人、也許只是一個不經意的提醒……。總之，這都讓我感謝，因為那都是我們成長的動力。

我和小孩一起在諾瓦學習

諾瓦小學二年級學生家長　陳媽媽

小孩還沒到上學年齡時，偶然的機會知道有「諾瓦」這所學校，基於好奇，開始上網搜尋著關於「諾瓦」的所有訊息，看到了校咪的部落格，一篇篇的文章吸引著我的閱讀，銳利而絮叨著關於教育，關於生活，有一些玄妙的觸動在我心中瀰漫。

有幾個假日，我和先生總會帶著小孩開車去諾瓦附近郊遊，因為沒有預約所以也只能在校園外面參觀，對這所如夢境般的學校，在腦海中刻下深刻的印象。

隨著時間過去，小孩來到該上學的年齡，因著先生、朋友的建議，便也覺得小孩念的幼稚園離家近些比較好，小孩於是在朋友推薦的幼稚園展開了人生中最初的「上學」。

小孩上學後，沒有一天是快樂的，每天送小孩快到學校時，小孩在車上便哭了，回到家也先大哭一場，小小年紀就要寫作業、背英文，我們都不快樂，而這些實在都不是我想要的。

正在煩惱的當下，腦中記憶體突然浮現了「諾瓦」，劍及履及的個性，立刻就打了電話去諾瓦預約參觀。

第一次踏進諾瓦，見到一簇簇新發的青草，透著早春的氣息，面前迎來響亮和善的招呼聲，滿臉笑意充滿活力的老師親切的跟我們談著關於學校的教學方式，教我們該如何正確的對待小孩，參觀校園時不期然的遇見了巡堂的大白鵝，這一幕幕美麗的景象震撼了我，心中有一種慶幸與感激，感謝有人願意辦一所這麼棒的學校，感謝老天讓我有緣遇見諾瓦。

當然，小孩當然要立刻轉到諾瓦！但，在這之前還得先通過「家長面談」這一關！是的！諾瓦很特別，小孩要進入諾瓦就讀，家長必須先經過學校的面談！面談這一天，我們一大家子人都來到學校，我像個小粉絲要見偶像般興奮、期待、雀躍著，一直在部落格中認識著校咪，感覺一點也不陌生，但，見面之後我們竟像與前世的家人相見一般的感受，倒是始料未及，面談中我們熱絡的聊了許久，校咪更專業的點出了屬於我們這個家庭中，連我自己都未曾發覺的問題和小祕密，一次很棒的面談體驗！

小孩開始了在諾瓦的學習，從小班開始。到現在都還記得，小孩小班時第一個課程主題是「我的小菜園」，小孩們從翻土、播種、做堆肥全都在老師的教導陪伴中自己動手做，小孩從中學習著成長，學習著生活，學習著數字，學習著自己與天地間的關係。

有一次放學，我接到一個全身泥巴，連雨鞋也沾滿了土的小孩，一見到我便神采飛揚的對我敘述著他精彩的一天，看著他，我感動的哭了！小孩不就應該這樣嗎？小孩不是就應該要這樣快樂的學習嗎？為什麼在現在的教育環境中卻那麼的難？

中班時，小孩的主題課程是「料理達人」，熱心家長們的食材，小孩們料理時一張張認真而專業的臉龐，真讓人一再驚嘆！

一次假日，小孩早早起床，還吩咐我千萬不准起來，便自己跑去廚房。廚房傳來乒乒乓乓的聲音讓我既不放心又充滿好奇，於是我躡手躡腳的來到廚房。我看到一個四歲的小男孩有模有樣的站在墊著小板凳的瓦斯爐邊煎荷包蛋，為媽媽準備早餐，想給媽媽一個假日驚喜，映入眼中這如此美麗的一幕，真讓我久久不能自己。

自從小孩在諾瓦上學後，從沒有一天不想上學，放假也只期待快點開學，小孩在諾瓦快樂的學習，每天快樂的上學去，我也在諾瓦學習！

只要時間允許，我喜歡去學校接小孩放學，我喜歡走在諾瓦，我喜歡走在諾瓦的人，我喜歡走在諾瓦的動物，我喜歡走在諾瓦的自己！

這一天我又去接小孩，正走在我喜歡的諾瓦，經過辦公室時，校咪宏亮的嗓門叫住了我，接下來我們的對話只有三句：

我：「校咪好。」

校咪：「你怎麼……看起來好累？」我的心被惻惻的刺了一下。

我：「沒有啊！怎麼會？」回答這句話的同時，我的淚已滑至鼻尖，校咪的眼神好像直接穿透我的心，讓我不自覺所有的眼淚傾瀉而出。

當媽媽以來不知道怎麼當媽媽的壓力、工作的瓶頸、生活中種種壓抑瞬間再也無法壓抑，某種邊緣模糊的傷痛哽在心頭！

我開始參加諾瓦的父母成長班。第一次，我認識了「家族治療」，我開始探索自己的內心，回憶自己的童年，時而濃烈時而幽微，純粹而沉重的種種情緒，我都用全部的心去感受，在校咪的幫助下，我漸漸找回自己，學習重新面對自己的人生。

在諾瓦，我學習靜觀自得，靜靜的感受變換的四季，感受變化多端的人間情感，因著小孩而產生的動人牽連，讓我知道怎麼做一個更好的媽媽，讓我的家盈滿充實！

今天，我去接小孩放學，我走在諾瓦，看著歡欣跳下躍上的小孩，看著因為寒冷空氣學校升起的溫暖火焰，空氣暖洋洋的，背後有群山剪影襯在豔紅的晚霞裡，我的心漸漸沉澱，一股發自心底的愉悅和溫暖讓我忍不住迎風起舞！

別忘了自己的內在小孩

諾瓦小學二年級、六年級學生家長　張媽媽

讓孩子在快樂的環境中學習成長，這是每個家長希望的，但什麼才是快樂的環境，做爸爸媽媽的，真的知道嗎？其實我也不知道，但自從接觸諾瓦開始，上了校長媽咪的父母成長班開始，我才慢慢體會什麼是真正快樂的環境。

第一次上父母成長班就投下了震撼彈，強烈的吸引著我回到二、三歲時童年的過往。發現很多事情是這樣來的，只是我們大人忘記了。真正快樂的環境能散發一種愉悅的芬芳，讓人不自覺的沉浸在這種氛圍中。就像是被一首好聽的歌吸引了，聽著聽著自然而然就會唱了。而強迫式的學習，彼此競爭下的產物是不長久的。真正快樂創造出來的東西，是無價的。快樂的人散播快樂的種子，這種子長大後能開出美麗花朵，而美麗花朵散播的也是快樂的種子。

好幾次在逛花圃時，都會聽到大人們這麼說：「不要碰會沾到土」、「很髒」、「噁心的泥巴」、「要洗手很麻煩」。還有一次在B&Q的展花區，在我身旁一位小女孩欣喜定睛的選了一盆盛開的小花，開心的轉身對著在看家具的父母說：「你看，好漂亮。」結果媽媽開口的第一句話就是「好髒，放回去」。我看到小女孩失落的表情。這一句「好髒」是大人經常做的事情，「孩子在公園玩耍時，衣服鞋子都髒了」、「孩子畫畫沾到水彩也不行」、小朋友對搖著尾巴開心的狗狗想去撫摸牠時，媽媽也是一句「不要摸」。

每個人只想要有美好的結果，卻不知道要從過程中關懷與呵護。當孩子好幾次展開快樂創造的羽翼準備飛翔時，是我們壓住了翅膀不讓他們飛翔。歲月成長孩子們忘了翅膀的存在，就如同我們也忘了自己有著一雙翅膀。是的，我記起來了，我也有著一雙翅膀。

就在孩子轉入諾瓦後，我也跟著上父母成長班，才發現自己被歲月成長的枷鎖困住了。當家長的無力感又期望孩子成龍成鳳的觀念套住；被社會用成績來評比的結果套著；被大家的目光跟言論形成自卑的框框套著。這些也是小時候父母親甚至某些怪怪老師給我的圈套，讓我忘了原來的自己。我不想再把這種模式套住我的孩子。我了解到這個快樂的泉源就在自己身上，只是忘記了，被外在給予的枷鎖重重包圍飛不起來了。

沒關係，只要想，只要希望，老天爺會找這個開鎖的人給你，就如同這本書現在在你手上一樣。現在孩子在諾瓦吸收著校長媽咪給予的芬芳，我相信孩子會創造屬於自己美麗的花朵，不管未來從事什麼樣的工作，都能飛翔在自我的一片天中。當然，先決條件是我也是個快樂的媽咪。妳快樂嗎？

從沒想過胃痛是這樣來的。這一、二個月來，胃痛很常發作，痛的時候很痛，不是很痛的時候也在那邊隱隱發威。以前很常吃胃藥，很多種牌子都吃過，說實在的，對我來說沒啥效果。看醫生最後的結果一定是照胃鏡。

我最怕看醫生就是這樣看不出個所以然來，只好排檢查。一堆儀器在身體裡面跑來跑去的。做過大腸鏡一次就嚇死我了，也沒發現啥東東。開了一大袋藥，我也沒吃。醫生講不出個什麼所以然，我是不亂吃藥的。這次痛到背去了，胃正後方連著脊椎的胃部神經叢好痛，痛到我整個背都在作怪。

這回看了中壢一家新開的中醫。一進門，右手邊一座莊嚴的藥師佛。我想這邊的醫生應該是真正看病的吧。我的問題，醫生都站在專業的角度回答我了，藥也乖乖吃了，背真的也順了，可是就是胃某一部位、某個時候就會發作。我相信他開的藥是有效的，因為連帶影響的確實好很多。只是從小胃就是這個樣子，也沒多想什麼。

現在上的父母成長班在排家族譜，越排越大輪，一整個連結著去回想著原生家庭裡的種種，一直到爸媽年輕時，我小時候，整個大家族的種種……。

原來電影連續劇拍的劇情是這樣來的。勾心鬥角、婆媳、妯娌、大叔、小叔、有時還要穿插一下外戚。辛酸血淚，愛恨情愁，權力金錢遊戲。有時不可太投入，我也是其中一角耶，會出不來。情緒卡著（因為這種模式一直衍伸到我們這一代）。

所以校長媽咪說，要用現在的智慧（看清）撫平過去的傷口（模式），已經不是以前那個小女孩了，不需要一直杵在那。

昨晚胃還是不舒服，看著腳邊的阿般，問她：「人家養貓胃都不會痛，我怎麼老是胃痛呢？」早晨五點多，阿般來扒我腳邊，起來上個廁所，回床上時已睡不著了，整個思緒倒退回到小時候二、三歲時，就那麼清楚的演著、串連著，突然我知道我為什麼會胃痛？那一個點陪著我近三十個年頭。

時光回到爸媽二十八歲時的婚姻出狀況了，弟當時在媽媽肚子裡，當時媽認為爸出軌了。傷心的媽媽，我感受到她的痛，她訴說著爸的不是。這種事情在大家族裡面是被放大的，而且不公道，大家只站在爸爸的立場說話。大家數落著媽媽的不是，尤其是吃飯時最會講了。不會表達的小女孩聽著，心裡吶喊著：「不是這樣的，不要再講了，不要再說我媽媽的壞話了……」胃整個糾結在一起，好痛好痛。

每次吃飯時胃就痛，大家還是你一句我一句說著：這麼小怎麼胃就不好，一定是妳媽媽沒好好餵妳，亂給妳吃東西。這種戲碼二、三天就上演一次，從那以後，我的災難就不斷。不是喜歡往高處爬，就是把腳放進硫酸裡，有一次還喝了廁所的鹽酸。還有一幕是媽媽先帶著二個小孩過馬路，囑咐我，等一下再來帶我。哪知她一轉身過馬路，我只知道媽媽要離開我了，我不要她走。就這樣，大卡車剎不住，躺在醫院第一次睜開眼睛，看見的是爸爸。我忽然知道當下的心情，這麼小的孩子沒有感覺到痛，只是覺得太好了：爸爸跟媽媽在一起出現，他們因為我躺在這而和好了。我又再度閉上眼睛陷入昏迷。

大家都覺得小小孩不懂，很多心情模式就是這樣累積來的，時光就這一點一滴的，小小孩也忘了，忘在依附著大人套的模式裡，活在他們想的世界裡。

小小孩好在還有菜園陪著，她想起第一次踏上土地的感覺，她都光著腳丫奔跑在扎實的黃土上，那種愉悅是整個從腳底透心涼上來。陽光灑滿整片菜園，蝴蝶從中曼妙的飛舞著，我追逐著蝴蝶，聞著土香花香，小小孩好快樂。

今天人一整個輕鬆，負擔沒了。胃部底下的糾結，很神奇的瞬間解開似了，原來一個多月前胃痛復發的點是同一事件。

不要再傷害自己跟幼苗了，很多時候，大人模糊的時候，反而是孩子很清楚明白。想到兒子有時突然冒出的話，就是那麼直接了當。大人還在鑽牛角尖，陷入情感糾結中都不自知。

《依附關係的修復》這本書中提到，對待孩子的五種態度：好玩、愛、接納、好奇、同理。這五種不是自己小時候都有的嗎？回去吧，回到小小孩時那顆熱誠撲通撲通的心，光著腳丫，踏上黃土的感覺……

放手，孩子的路無限寬廣

諾瓦小學三年級學生家長　張媽媽

來讀諾瓦，要先通過校咪的入學面談。睿睿兩歲，在逛了十家幼稚園以後，小孩自己選了養著大嘴鳥的諾瓦。入學面談時，那個還不懂原生家庭對自己、孩子影響的我，隨著校咪抽絲剝繭般的提問，不自主的陷入回憶，哭得淅瀝嘩啦，不能自己。

在諾瓦，不只小孩要上學，爸媽也要上學。父母成長班上，引導著這些家長們，發現自己、尋找自己，傾聽內心裡那個小孩的聲音。從傳統期待的角色、框框裡跳出來，用全新的觀點，面對自己、婚姻、家庭關係。

很多媽媽和我都說過，這應該……。校咪說：「沒有應該，只要沒做，警察不會抓，就沒關係。」這句話讓我和孩子有勇氣放手，放下別人的期待，走向屬於我們自己的人生，有機會遇見不同的風景。

每個孩子都是上天送來的種子，只是沒有人知道，你手裡的是什麼種子，每棵樹都有屬於它的季節，它將迎風搖擺，花開燦爛。在那之前，我們能做的只有陪伴和等待。

當父母的總是有千個不捨，萬個擔心。在諾瓦，校咪教我們放手，父母放得了手，孩子的路才能無限開闊。

謝謝校咪！

國家圖書館出版品預行編目資料

不會游泳的魚：慢學成功教育家教你如何讓孩子的天賦自由 / 蘇偉馨著
. -- 初版 . -- 臺北市：商周出版：家庭傳媒城邦分公司發行 , 2014.04
面；　公分 . -- (商周教育館 ; 28)

ISBN 978-986-272-572-6(平裝)

1. 親職教育　2. 子女教育

528.2　　103005084

商周教育館 28

不會游泳的魚（增修版）：慢學成功教育家教你如何讓孩子的天賦自由

作　　者 / 蘇偉馨
插　　畫 / 張凱因
責任編輯 / 黃靖卉

版　　權 / 黃淑敏、林心紅、吳亭儀、邱珮芸
行銷業務 / 莊英傑、張媖茜、黃崇華
總 編 輯 / 黃靖卉
總 經 理 / 彭之琬
事業群總經理 / 黃淑貞
發 行 人 / 何飛鵬
法律顧問 / 元禾法律事務所王子文律師
出　　版 / 商周出版
台北市104民生東路二段141號9樓
電話：(02) 25007008　傳眞：(02)25007759
E-mail：bwp.service@cite.com.tw
發　　行 / 英屬蓋曼群島商家庭傳媒股份有限公司城邦分公司
台北市中山區民生東路二段141號2樓
書虫客服服務專線：02-25007718；25007719
24小時傳眞專線：02-25001990；25001991
服務時間：週一至週五上午09:30-12:00；下午13:30-17:00
劃撥帳號：19863813；戶名：書虫股份有限公司
讀者服務信箱：service@readingclub.com.tw
城邦讀書花園 www.cite.com.tw
香港發行所 / 城邦（香港）出版集團
香港灣仔駱克道193號_ E-mail : hkcite@biznetvigator.com
電話：(852) 25086231　傳眞：(852) 25789337
馬新發行所 / 城邦（馬新）出版集團【Cite (M) Sdn Bhd】
41, Jalan Radin Anum, Bandar Baru Sri Petaling, 57000 Kuala Lumpur, Malaysia.
電話：(603) 90578822　傳眞：(603) 90576622

封面設計 / 斐類設計工作室
排　　版 / 極翔企業有限公司
印　　刷 / 中原造像股份有限公司
經 銷 商 / 聯合發行股份有限公司　新北市231新店區寶橋路235巷6弄6號2樓
電話：(02) 29178022　傳眞：(02) 29110053

■2014年4月29日初版一刷
■2019年7月二版一刷
定價300元

Printed in Taiwan

城邦讀書花園
www.cite.com.tw

 ISBN 978-986-272-572-6

廣 告 回 函
北區郵政管理登記證
北臺字第000791號
郵資已付，免貼郵票

104 台北市民生東路二段141號2樓

英屬蓋曼群島商家庭傳媒股份有限公司城邦分公司 收

請沿虛線對摺，謝謝！

書號：BUE028　書名：不會游泳的魚（增修版）　編碼：

請於此處用膠水黏貼

商周出版

讀者回函卡

感謝您購買我們出版的書籍！請費心填寫此回函卡，我們將不定期寄上城邦集團最新的出版訊息。

不定期好禮相贈！
立即加入：商周出版
Facebook 粉絲團

姓名：________________ 性別：□男 □女

生日：西元________年________月________日

地址：________________

聯絡電話：________________ 傳真：________________

E-mail ：

學歷：□ 1. 小學 □ 2. 國中 □ 3. 高中 □ 4. 大學 □ 5. 研究所以上

職業：□ 1. 學生 □ 2. 軍公教 □ 3. 服務 □ 4. 金融 □ 5. 製造 □ 6. 資訊
□ 7. 傳播 □ 8. 自由業 □ 9. 農漁牧 □ 10. 家管 □ 11. 退休
□ 12. 其他________________

您從何種方式得知本書消息？

□ 1. 書店 □ 2. 網路 □ 3. 報紙 □ 4. 雜誌 □ 5. 廣播 □ 6. 電視
□ 7. 親友推薦 □ 8. 其他________________

您通常以何種方式購書？

□ 1. 書店 □ 2. 網路 □ 3. 傳真訂購 □ 4. 郵局劃撥 □ 5. 其他______

您喜歡閱讀那些類別的書籍？

□ 1. 財經商業 □ 2. 自然科學 □ 3. 歷史 □ 4. 法律 □ 5. 文學
□ 6. 休閒旅遊 □ 7. 小說 □ 8. 人物傳記 □ 9. 生活、勵志 □ 10. 其他

對我們的建議：________________

____

____

請於此處用膠水黏貼